La faune du site néolithique de Sion-Avenue Ritz (Valais, Suisse)

Histoire d'un élevage villageois il y a 5000 ans

Isabelle Chenal-Velarde

Avec les contributions de
Olivier Putelat et Helena Fernández

BAR International Series 1081
2002

Published in 2016 by
BAR Publishing, Oxford

BAR International Series 1081

La faune du site néolithique de Sion-Avenue Ritz (Valais, Suisse)

ISBN 978 1 84171 460 8

BAR Publishing is the trading name of British Archaeological Reports (Oxford) Ltd.
British Archaeological Reports was first incorporated in 1974 to publish the BAR
Series, International and British. In 1992 Hadrian Books Ltd became part of the BAR
group. This volume was originally published by Archaeopress in conjunction with
British Archaeological Reports (Oxford) Ltd / Hadrian Books Ltd, the Series principal
publisher, in 2002. This present volume is published by BAR Publishing, 2016.

Printed in England

BAR
PUBLISHING

BAR titles are available from:

      BAR Publishing
      122 Banbury Rd, Oxford, OX2 7BP, UK
EMAIL   info@barpublishing.com
PHONE +44 (0)1865 310431
  FAX   +44 (0)1865 316916
      www.barpublishing.com

Au Professeur Louis Chaix,
pour sa contribution à l'archéozoologie,
dans le Valais et dans le monde

PRÉFACE

Le Néolithique est probablement la période de la préhistoire valaisanne la mieux connue. Cette situation tient à plusieurs facteurs qui relèvent tout autant de la richesse de la vallée du Rhône en vestiges archéologiques de cette période que des intérêts particuliers de certains et du niveau de performance de la recherche. Dès 1947, date des premières fouilles conduites par le professeur Marc-Rodolphe Sauter sur les cimetières de Barmaz à Collombey-Muraz, l'engagement des chercheurs dans la compréhension de cette période ne s'est guère relâché, avec ses temps forts comme la fouille du site de Saint-Léonard, la découverte de la nécropole mégalithique du Petit-Chasseur à Sion et la mise en évidence d'une fréquentation des pâturages d'altitude grâce à la découverte de l'abri-sous-roche de Zermatt. Dans cette recherche, le Service des monuments historiques du canton du Valais, le Fonds national de la recherche scientifique et l'Université de Genève ont joué un rôle de premier plan et l'on peut aujourd'hui mesurer les fruits de ce travail de longue haleine.

Fouilles programmées sur plusieurs années, surveillances de chantiers et fouilles de sauvetage, prospections hors des zones où se concentrent habituellement les découvertes et multiples travaux de laboratoire ont contribué à cet impressionnant travail de mémoire au cours duquel de nombreux jeunes chercheurs ont pu se former et acquérir expérience de terrain et compétences, comme c'est le cas pour l'auteur de cette plaquette.

Ce regard rétrospectif laisse néanmoins, pour celui qui participe depuis de longues années à cette quête, un goût un peu amer car ce jeu a eu des limites. Il faut en être conscient et en parler pour tenter, à l'avenir, d'y remédier, tâche difficile, tant les causes de cette situation sont multiples et imbriquées. Combien de sites importants ont-ils dû subir des interventions trop hâtivement conduites avec des moyens limités et ont disparu sous les dents des pelles mécaniques avant qu'on puisse les étudier ? Combien de fouilles restent à ce jour non publiées faute d'avoir pu accorder à des chercheurs aux compétences reconnues des engagements stables à longs termes qui, seuls, auraient pu permettre de mettre à disposition du public, scientifique ou non, les fruits de découvertes souvent exceptionnelles ?

La fouille et l'étude du site découvert à l'avenue Ritz en ville de Sion participe pleinement de ces contradictions. La découverte est essentielle. Il s'agit de l'une des plus vieilles et plus importantes nécropoles néolithiques du Valais. L'horizon occupé par les tombes est recouvert par un niveau d'occupation comprenant de nombreuses structures, dont l'une fait particulièrement l'intérêt de cette publication. Découvert à l'occasion de travaux de construction, le site est fouillé dans l'urgence avec des moyens limités. Nous devons remercier ici Patrick Moinat et Dominique Baudais d'avoir sauvé de ce site plus que l'essentiel, le premier pour les aspects proprement funéraires, le second pour le sauvetage dans son ensemble et pour la fouille méticuleuse de la structure présentée ici.

Dans ce contexte, nous nous réjouissons doublement du travail que présente ici même Isabelle Chenal-Velarde. Il s'agit tout d'abord d'un premier pas vers la publication générale du site que nous souhaitons prochaine. Nous sommes en présence d'autre part d'une découverte très originale qui apporte une lumière nouvelle sur les modalités de l'élevage des caprinés en Valais et sur le comportement, en l'occurrence très moderne, des premiers paysans face aux épizooties qui pouvaient décimer leurs troupeaux. Il n'est pas fréquent de voir appliquer une approche taphonomique habituellement réservée à l'analyse des seules sépultures humaines à un dépôt de faune et nous avons apprécié la façon dont l'archéozoologue tire parti de cette documentation pour reconstruire des pratiques de zootechnies qui étaient restées jusqu'alors totalement inconnues, une belle démonstration qui dépasse largement le cadre valaisan et devrait retenir l'attention de tous.

Alain Gallay

REMERCIEMENTS

L'étude présentée dans les pages qui suivent n'aurait pu voir le jour sans le temps et la volonté que Dominique Baudais, Patrick Moinat et l'ensemble des personnes qui ont participé aux travaux de terrain, ont mis au service de la fouille de sauvetage du site de Sion-Avenue Ritz, avant sa destruction totale pour la construction d'un parking souterrain. Cette remarque est particulièrement applicable au sauvetage de la fosse 22, qui, bien qu'ayant nécessité une fouille minutieuse effectuée par un spécialiste, s'est opéré dans des conditions très difficiles et dans un laps de temps très limité.

L'étude archéozoologique de la faune de ce site n'aurait pu être menée à bien sans la mise à notre disposition de la collection ostéologique de référence du Département d'archéozoologie du Muséum d'histoire naturelle de Genève. Nous devons donc beaucoup au conservateur de ce Département, le Prof. Louis Chaix et au directeur du Muséum, le Prof. Volker Mahnert.

Pour certaines déterminations de fragments osseux de caprinés, nous avons fait appel à l'avis expert du Dr Helena Fernández, qui nous a ainsi permis de préciser quelques identifications. Nous retrouverons, en deuxième annexe de ce volume, les détails de ses critères de détermination. De même, des discussions avec nos collègues (Patrice Méniel, Claude Olive, Jacqueline Studer, Hassan Sidi-Maamar, Olivier Putelat, Patricia Chiquet) ont souvent donné des résultats fructueux. La mise à contribution de Christiane Kramar, anthropologue paléopathologue, pour son avis sur la possibilité de détermination des maladies sur les ossements, ainsi que pour la détermination de l'âge de vestiges d'enfant, doit également être relevée.

La traduction anglaise du résumé de l'étude est le résultat du travail amical de Nathalie Serrand. Les versions informatiques des planches couleur, des planches de squelettes éclatés, ainsi que le traitement des photographies ont été réalisés par Florence Marteau (Muséum d'histoire naturelle de Genève). Florence a également participé à la mise en pages du livre, avec la collaboration de Corinne Charvet. Enfin, les photographies présentées dans ce volume sont de Jean-Marie Zumstein et de Claude Ratton (Muséum d'histoire naturelle de Genève).

Nous ne remercierons jamais assez Patrice Méniel et Jacqueline Studer, à qui nous devons la lecture finale du manuscrit et les remarques constructives qui ont permis de l'améliorer. En plus du temps qu'il n'a pas ménagé pour ces corrections, Patrice Méniel nous a ouvert à une autre possibilité d'interprétation de la fosse 22, que nous n'avons pas choisi de retenir, mais qui nous a permis de manier avec prudence les arguments archéozoologiques. Nous lui sommes particulièrement reconnaissante. Tout comme au Prof. Alain Gallay, pour la préface qu'il a immédiatement accepté de rédiger, dans les plus brefs délais.

La version définitive de ce livre a été mise en pages grâce au soutien financier du Service archéologique du Valais, et à la Société Académique de Genève (Fonds Paul Moriaud). Les planches couleur ont pu être publiées grâce à un subside de la Fondation E. et L. Schmidheiny (Université de Genève).

Enfin, nous devons énormément à David Davison pour sa patience dans l'attente du manuscrit définitif, les innombrables échanges électroniques et la relecture du résumé anglais.

RÉSUMÉ

Le site d'habitat de Sion-Avenue Ritz, situé dans le Valais central (Suisse), a été occupé au Néolithique moyen (Cortaillod). Très érodé en surface, il ne subsistait, lors des fouilles de sauvetage, que des structures creuses (fosses, silos à grains, trous de poteaux, foyers) et leur contenu parfois partiel. La faune étudiée provient pour la plus grande part de fosses dépotoirs. Ces restes sont majoritairement des vestiges de consommation ou des déchets de boucherie, représentant des animaux domestiques et, en très faible minorité, des espèces sauvages. Fait très caractéristique des ensembles fauniques néolithiques de cette région, les caprinés domestiques dominent largement le cheptel exploité pour la consommation de viande. Quant aux animaux chassés, ils proviennent d'un environnement forestier et montagnard proches du site.

Parmi l'ensemble des structures creuses mises au jour, une fosse fait néanmoins exception : elle contenait les squelettes d'un minimum de 15 caprinés, probablement tous ovins, en connexion anatomique partielle. L'ensemble de l'étude archéozoologique de ces vestiges particuliers montre que les animaux, très jeunes à sub-adultes, ont certainement été jetés entiers dans la fosse, simultanément et probablement à la suite de la crémation des corps. Bien que plusieurs hypothèses d'interprétation de ce contexte soient abordées, une seule est préférentiellement retenue : les 15 moutons seraient morts d'une épizootie survenue dans un troupeau au printemps, et auraient été enterrés dans une fosse spécialement creusée pour eux après avoir été partiellement brûlés.

ABSTRACT

The settlement site of Sion-Avenue Ritz, located in central Valais (Switzerland), was occupied during the middle Neolithic (Cortaillod). Very eroded on the surface, it was only preserved, at the time of salvage, in the form of hollow structures (pits, silos for grains, postholes, hearths) and their, sometimes partial, contents. The analysed fauna comes, for the most part, from the dump pits. These remains are mainly consumption or butchery wastes, belonging to domestic animals and, for a very small part, to wild species. Domestic sheep and goat largely dominate the livestock exploited for meat consumption, a fact rather characteristic of the faunal Neolithic assemblages of this region. As for the hunted animals, they were acquired in a forest and mountain environment close to the site.

Among the excavated hollow structures, one pit is yet an exception : it contained the skeletons of at least 15 sheep and goat, probably all sheep, in partial anatomical connection. The zooarchaeological analysis of these special remains show that the animals, ranging from very young to sub-adult individuals, were very likely to have been thrown complete in the pit, simultaneously and probably following the bodies' cremation. Although several hypothetical interpretation of this context are essayed, one is considered the most tenable : the 15 sheep may have died from an epizootic which hit the flock during spring, and were buried in a pit specially dug for them after they were partially burnt.

The zooarchaeological analysis of this site, particularly of the "15 sheep pit", yields data of an exceptional quality in the context of Neolithic settlements in the middle and high Rhone valley where faunal remains are usually poorly preserved. It allows, among other things, an attempt to extrapolate interpretations on the sheep and goat flock's assessment and to understand the breeding conditions of these animals.

(Traduction N. Serrand et D. Davison)

TABLE DES MATIÈRES

La faune du site néolithique de Sion-Avenue Ritz (Valais, Suisse). Histoire d'un élevage villageois il y a 5000 ans.

Isabelle Chenal-Velarde, avec les contributions de Olivier Putelat et Helena Fernandez

I – INTRODUCTION

1-Présentation générale du site

L'étude archéologique du site de Sion-Avenue Ritz doit faire l'objet d'une publication ultérieure (Baudais *et al.*, en préparation). Nous nous contenterons donc ici de donner quelques éléments de présentation généraux permettant de situer la provenance de la faune décrite dans ces pages.

Comme son nom l'indique, le site (fig. 1) se situait à Sion (Valais central, rive droite du Rhône[1]), plus précisément dans un cône d'alluvion de la Sionne. Les fouilles de sauvetage ont été menées par D. Baudais et P. Moinat en 1987-1988 (Baudais *et al.* 1989-90). Sous une épaisse couche d'alluvions, les niveaux archéologiques dégagés ont permis d'identifier trois phases d'occupation. La plus ancienne a été repérée uniquement en stratigraphie, grâce à un poteau carbonisé, la seconde correspondait à une nécropole comprenant des tombes en cistes et la troisième à un habitat, dont seules les structures creuses ont été conservées.

Seule cette dernière phase d'occupation a livré des vestiges animaux. La pauvreté du matériel diagnostique n'a pas permis une attribution plus précise de l'habitat qu'au Néolithique moyen.

Cependant, des datations C14[2] sur des charbons de bois provenant de six fosses ont précisé les dates de cette occupation, la situant ainsi à la fin du Cortaillod ancien (Baudais *et al.* 1989-90).

2-Provenance du matériel osseux

Les ossements animaux étudiés ici proviennent uniquement du remplissage des structures creuses, parfois fortement érodées par les activités torrentielles de la Sionne. En dehors de ces structures, aucun reste osseux n'a malheureusement pu être prélevé sur les sols d'occupation correspondant à l'habitat Cortaillod, ceux-ci ayant été complètement détruits par le même phénomène.

Parmi les 54 structures numérotées ayant fait l'objet d'une fouille complète, ont été identifiés des gros trous de poteaux avec pierres de calage, des foyers en fosse ou en cuvette,

---

[1] Voir également Chenal-Velarde 2000, fig. 1.

[2] CRG-915 : 5360 ± 80 BP (F. 2)
CRG-916 : 5230 ± 95 BP   (T.P. 23)
CRG-917 : 5130 ± 70 BP (F. 31)
B-5134 : 5120 ± 40 BP (St. 12)
B-5135 : 5330 ± 70 BP (St. 14 sup.)
B-5136 : 5220 ± 40 BP (St. 14 inf.)
B-5137 : 5380 ± 70 BP (St. 25)
(D'après Baudais *et al.* 1989-90).

des silos à grains et des fosses-dépotoirs (Baudais et al. 1989-90). Des restes osseux ont été découverts dans 49 d'entre elles.

Ces ossements représentent, en majorité, des restes alimentaires. Ceci exception faite de la fosse 22, spécifique par son contenu, qui sera présentée dans le quatrième chapitre. Il nous faut préciser ici qu'une publication préliminaire sur le contenu de la fosse 22 a déjà paru (Chenal-Velarde 1998).

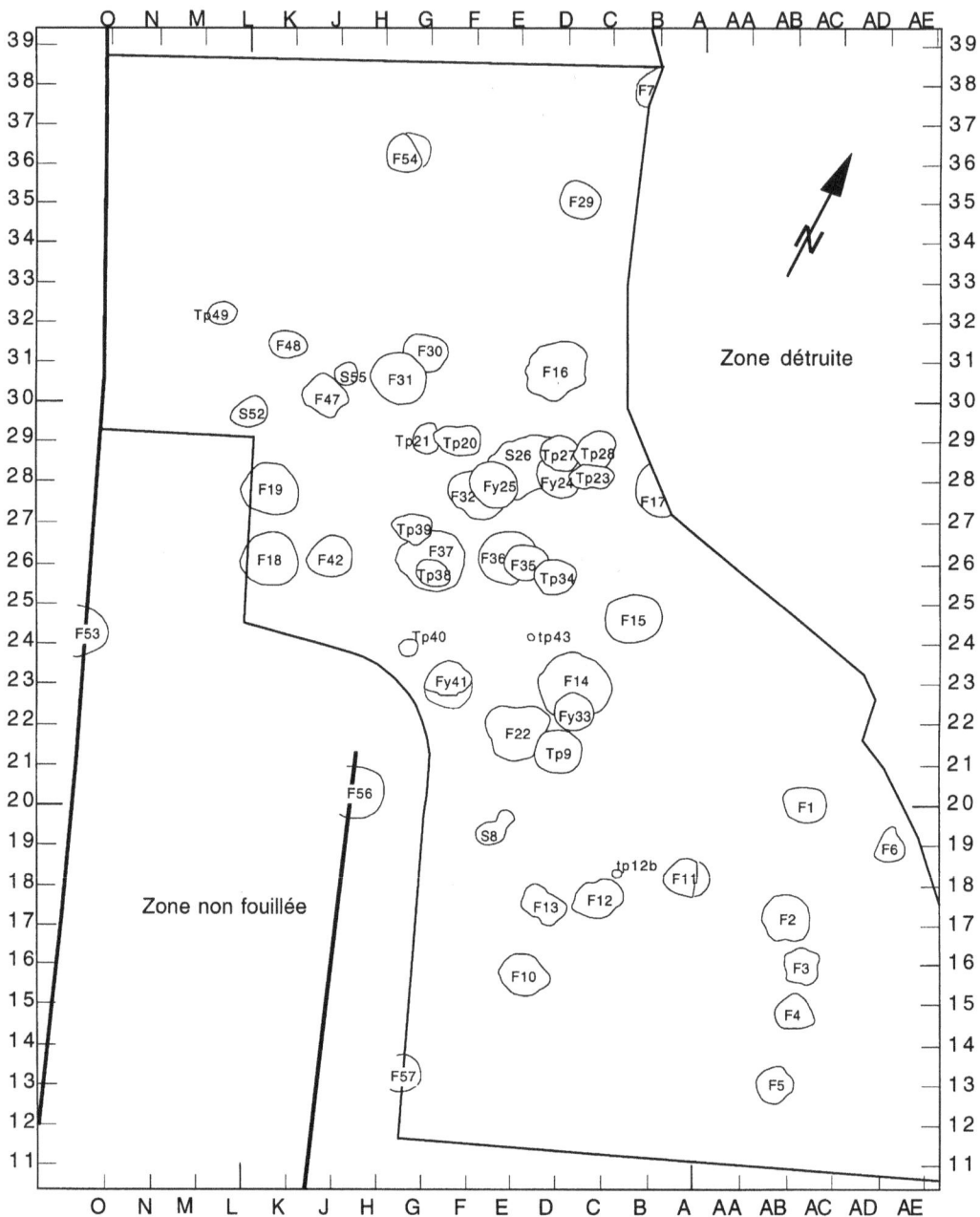

Fig. 1 : Plan général du site, phase d'habitat Cortaillod.

3-Conditions d'obtention du matériel

De manière générale, le temps très restreint attribué pour le sauvetage du site n'a pas facilité la collecte des informations de terrain, malgré les efforts des archéologues. L'empressement qui a régit les fouilles n'a pas non plus permis un prélèvement du matériel dans des conditions optimales, ce qui pose quelques problèmes d'interprétation pour quelques éléments (ossements de rongeurs intrusifs ou non, par exemple).

Ces remarques sont particulièrement valables pour la structure 22, dont les conditions de fouilles ont été rendues spécialement difficiles en raison du temps très limité qui a pu lui être consacré.

Les conditions de fouilles de sauvetage, en limitant fortement le temps consacré à la compréhension du dépôt *in situ*, ont eu pour conséquence un prélèvement rapide des ossements selon trois décapages artificiels, sans étude de leur répartition et de leurs connexions (directes ou lâches). Malgré les relevés photographiques des trois décapages obtenus sur le terrain, et graphiques constitués *a posteriori*, ainsi que la numérotation individuelle de chaque fragment, un grand nombre d'informations n'a pu être retrouvé. Une fouille systématique ayant pour objectif la recherche des connexions anatomiques pour reconstituer les individus aurait contribué à obtenir des résultats plus précis et certainement éviter la perte de la relation de quelques vestiges osseux – qui n'ont pu être attribués à aucun squelette lors du travail de reconstitution en laboratoire –, représentés en blanc sur les plans des figures 35, 36 et 37. De même, nous pensons qu'une partie des restes manquant à la reconstitution des squelettes, tout particulièrement certains fragments de crâne et de petits os tels que sésamoïdes, carpiens et tarsiens, ou même phalanges, ossements présents pour certains individus mais nettement sous-représentés, n'ont simplement pas été repérés au moment de la fouille et non récoltés par absence de tamisage.

Toujours en raison de la restriction du temps attribué à la fouille de cette fosse, aucun prélèvement de sédiments et d'éléments retrouvés sous forme de traces (voir fig. 34) n'a malheureusement été effectué. Ce manque est particulièrement dommageable pour l'interprétation de l'ensemble du dépôt, puisque des preuves de la présence de cendres, voire de chaux (calcination du carbonate de calcium), auraient confirmé une crémation volontaire des animaux.

Malgré la forte érosion du site et les conditions de travail de terrain impropres à une récolte de données optimale, les informations obtenues sur la faune contenue dans les structures creuses de Sion-Avenue Ritz apportent beaucoup à la connaissance de l'élevage néolithique dans cette région, comme nous tenterons de le démontrer dans les chapitres suivants.

II - CARACTÉRISTIQUES GÉNÉRALES DE LA FAUNE

1-Le corpus faunique dans son ensemble

Comme nous le verrons plus loin, la fosse 22 se distingue, par son contenu et son inter-prétation, de l'ensemble des autres structures creuses ayant livré des ossements. Nous avons donc choisi de décrire tout d'abord le corpus osseux dans sa totalité, dans le but de décrire les espèces en présence, avant de distinguer en deux chapitres séparés les fosses de l'habitat et la fosse 22.

L'échantillon faunique étudié comprend au total 4439 restes osseux (fig. 2), dont 1939 sont déterminés (parmi lesquels 1460 appartiennent à la structure 22).

Le rapport faune domestique / faune sauvage est très déséquilibré : les animaux élevés totalisent 94 % du total des restes déterminés par espèce ou par genre, la chasse n'étant plus représentée que par 1,4 % d'ossements (fig. 2).

Parallèlement aux vestiges osseux identifiés par espèce ou par genre, il convient de faire quelques remarques sur les ossements classés dans des groupes plus vastes.

Le groupe des grands ruminants, dont les restes trop fragmentaires n'ont pu être attribués plus précisément au bœuf, à l'aurochs ou au cerf, est d'une importance très relative, puisqu'il ne comprend que 0.7 % du total de la faune. Il est probablement formé d'une grande majorité d'ossements de bœuf, la présence des deux autres espèces sur le site étant plutôt anecdotique. La même remarque peut être avancée pour les vestiges regroupés sous la dénomination "grande taille", car, en plus du cerf et de l'aurochs, ce groupe peut éventuellement comprendre des fragments osseux ayant appartenu à l'ours ou à de gros sangliers, très peu représentés dans notre assemblage faunique.

Les petits ruminants, par contre, sont représentés proportionnellement aux caprinés domestiques. En effet, dans ce groupe sont probablement majoritairement inclus des restes de moutons et de chèvres, très fortement présents sur le site, qui n'ont pas été identifiés de manière certaine : les vestiges de chamois et de bouquetin sont beaucoup plus rares et la présence de chevreuil n'a pas été attestée. Le groupe "taille moyenne" englobe certaine-ment la plus grande concentration de fragments osseux de caprinés et éventuels autres petits ruminants, mais des restes de suidés, bien qu'en de moindres proportions, sont vraisemblablement également inclus dans ce groupe.

Les vestiges d'animaux de "petite taille" peuvent comprendre principalement des os de petits carnivores, comme le blaireau, le renard, la martre ou la fouine, ou encore, de manière plus dubitative, d'oiseaux. Néanmoins, avec 0.3 % du total, ils restent sous-représentés.

Les indéterminés atteignent un pourcentage du nombre de restes total relativement impor-tant (presque 56 %), et 40 % du total en poids. Il faut néanmoins remarquer que la fosse 22 agrémente le total d'une quantité importante de restes de mouton ou de caprinés domestiques, sans ajouter significativement d'indéterminés, ce qui sera très différent en ne considérant que les fosses de l'habitat (voir chap. III).

	Total faune Sion-Ritz				
	NR	% NR	poids	% pds	NMI
boeuf (*Bos taurus*)	93	4.8	2577	33.2	3
mouton (*Ovis aries*)	140	7.2	890.9	11.5	19
chèvre (*Capra hircus*)	17	0.9	151.6	2	3
mouton ou chèvre	1569	81	1917.8	24.7	
porc (*Sus domesticus*)	4	0.2	29.3	0.4	1
total domestiques	**1822**	**94**	**5566.6**	**71.8**	**26**
aurochs (*Bos primigenius*)	4	0.8	592.7	9.9	1
cerf (*Cervus elaphus*)	3	0.1	7.5	0.1	1
bouquetin (*Capra ibex*)	13	0.7	74.6	1	1
chamois (*Rupicapra rupicapra*)	2	0.1	21.9	0.3	1
sanglier (*Sus scrofa*)	2	0.1	32.4	0.4	1
ours brun (*Ursus arctos*)	1	0.05	103	1.3	1
blaireau (*Meles meles*)	2	0.1	11.4	0.1	1
renard (*Vulpes vulpes*)	1	0.05	6.8	0.1	1
total sauvages	**28**	**1.4**	**721.2**	**9.3**	**8**
boeuf ou auroch (*Bos* sp.)	42	8.8	993.3	16.5	
porc ou sanglier (*Sus* sp.)	47	2.4	343.7	4.4	
total déterminés	**1939**	**100**	**7753.9**	**100**	
grands ruminants	20	0.5	123.1	1.6	
petits ruminants	466	10.7	968.6	12.5	
grande taille	152	3.5	714	9.2	
taille moyenne	868	19.8	918.3	11.8	
petite taille	8	0.2	1	0.01	
indéterminés	922	21.1	469.5	4.5	
total indéterminés	**2436**	**55.8**	**3194.5**	**39.6**	
TOTAL	**4376**	**100**	**10497**	**100**	
campagnol (*Arvicola sp.*)	1				1
mulot à collier (*Apodemus flav.*)	58				1
homme (*Homo sapiens*)	5				1

Fig. 2 : Assemblage faunique total de Sion-Ritz.

2-Description des espèces

2.1-Les animaux domestiques

Le bœuf (*Bos taurus*)

Le bœuf est l'espèce déterminée comptant le plus grand nombre de restes après les moutons et les chèvres (4.8 % des restes déterminés). En poids, il rejoint le total des caprinés. Néanmoins, ses vestiges osseux ne permettent de dénombrer qu'un minimum de 3 individus (fig. 2).

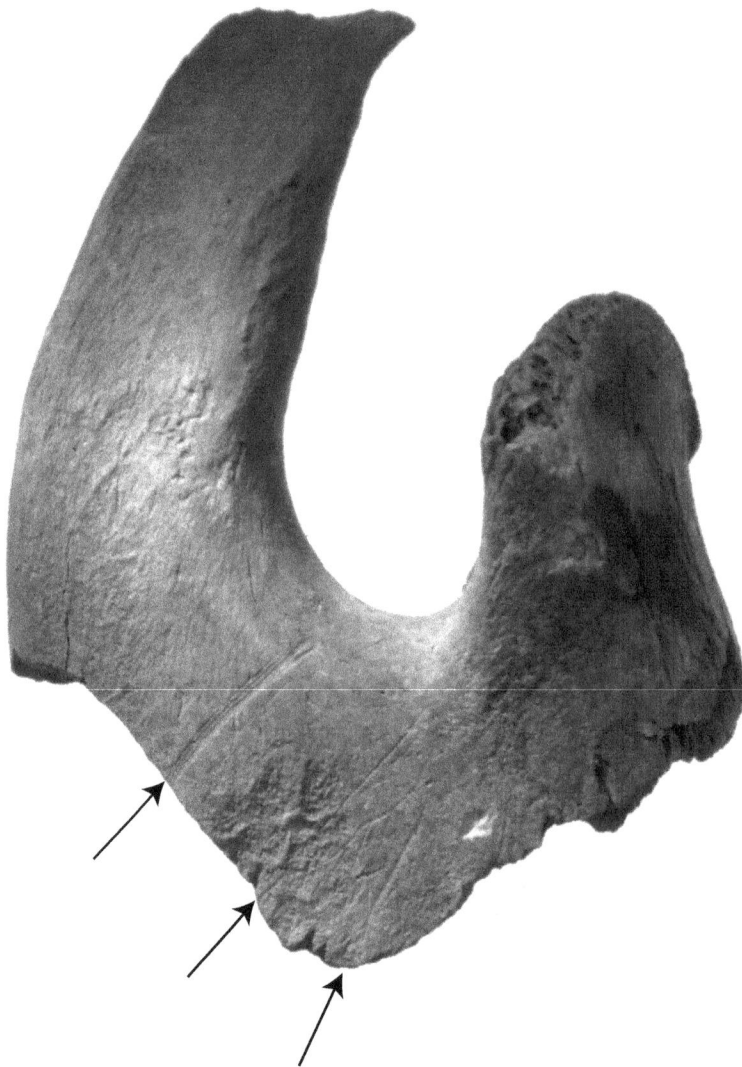

Fig. 3 : Incisions sur la face externe d'une mandibule de bœuf (cliché J.-M. Zumstein)

Le faible nombre de représentants, fragmentaires, du squelette de cet animal (93), n'autorise pas une description très approfondie des trois individus reconnus. Cependant, il est possible de repérer la présence d'au moins un individu sub-adulte, d'environ deux ans, et de deux adultes dont l'un est très probablement un mâle. Ce dernier a été discriminé par la taille particulièrement grande d'un tibia dont le diamètre transverse distal maximum (59.7 mm) est légèrement plus élevé que la moyenne de ceux des occupation Cortaillod de Twann (59 mm).

Parmi les quelques traces de découpe observées sur les restes de bœuf, une mandibule comporte des incisions correspondant à sa désarticulation (fig. 3).

Le mouton et la chèvre (*Ovis aries* et *Capra hircus*)

Il est difficile de traiter ces deux animaux domestiques séparément, puisque sur les 1726 fragments osseux qu'ils totalisent, 90 % du total des caprinés n'ont pas été différenciés spécifiquement et sont regroupés dans cette famille, alors que seuls 9 % ont été attribués au mouton et moins de 2 % à la chèvre. Ce fort taux d'indéterminés par espèce est dû au fait que, considérés individuellement, les ossements de la fosse 22 correspondent à des individus trop jeunes pour être caractérisques d'une espèce ou de l'autre (voir chap. IV). Bien que la majorité de caprinés domestiques ne soit pas déterminée au rang de l'espèce, nous pouvons tout de même affirmer que les moutons sont présents en proportions plus importantes que les chèvres. La représentation en nombre minimum d'individus est très nettement influencée par le contenu de la fosse 22 : il est de 4 moutons et 3 chèvres en excluant cette dernière structure, alors que, si le nombre d'individus du genre *Capra* ne varie pas en l'incluant, les effectifs ovins augmentent, eux, jusqu'à 19 individus (fig. 4).

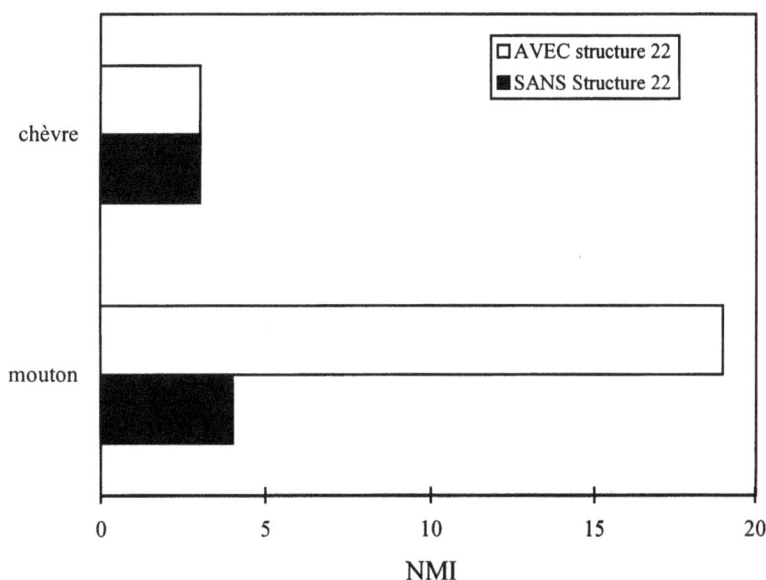

Fig. 4 : Proportions de caprinés domestiques indéterminés, de moutons et de chèvres en associant ou non la fosse 22.

Fig. 5 : Demi mandibule de capriné très âgé (dents fortement abrasées) pathologique (abcès) (cliché J.-M. Zumstein).

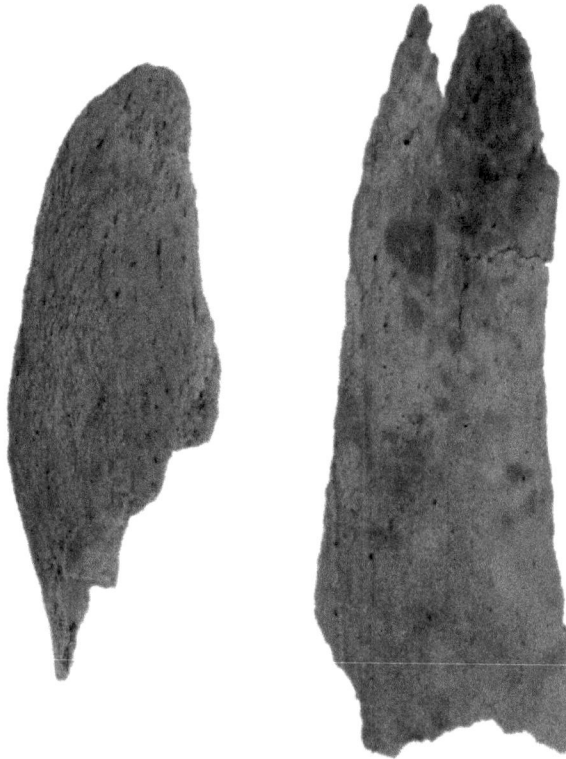

Fig. 6 : Fragments de chevilles osseuses de mouton (à gauche) et de chèvre (à droite) (cliché J.-M. Zumstein).

La majorité des restes d'ovins découverts dans les structures creuses de l'habitat semble avoir appartenu à des individus adultes : uniquement deux fragments (un cubitus et un astragale) sont clairement attribuables à au moins un agneau. A noter la découverte d'au moins un mouton (ou chèvre) âgé, représenté par une demi-mandibule aux dents très usée(la première molaire est abrasée jusqu'à la racine) et pathologique (un trou anormal sur la face externe est le témoin de l'écoulement d'un abcès) (fig. 5). La fosse 22 ajoute à ce corpus un nombre important de jeunes : huit de moins de un an et sept entre un et trois ans et demi. La description morphologique et métrique des moutons de Sion-Avenue Ritz est possible grâce à quelques vestiges adultes ou sub-adultes.

Morphologiquement, un demi-bassin droit d'*Ovis aries* peut attester la présence d'une brebis dans les fosses de l'habitat, et aucun la présence de bélier. Trois jeunes femelles provenant de la fosse 22 sont à rajouter pour obtenir le total des animaux dont il est possible de confirmer le sexe. La description morphologique peut être étendue à la forme des cornes qui, nous semble-t-il, peuvent être attribuées à toute la population d'adultes (mâles et femelles). Ces dernières devaient être légèrement recourbées, comme le laisse supposer l'élément de la figure 6.

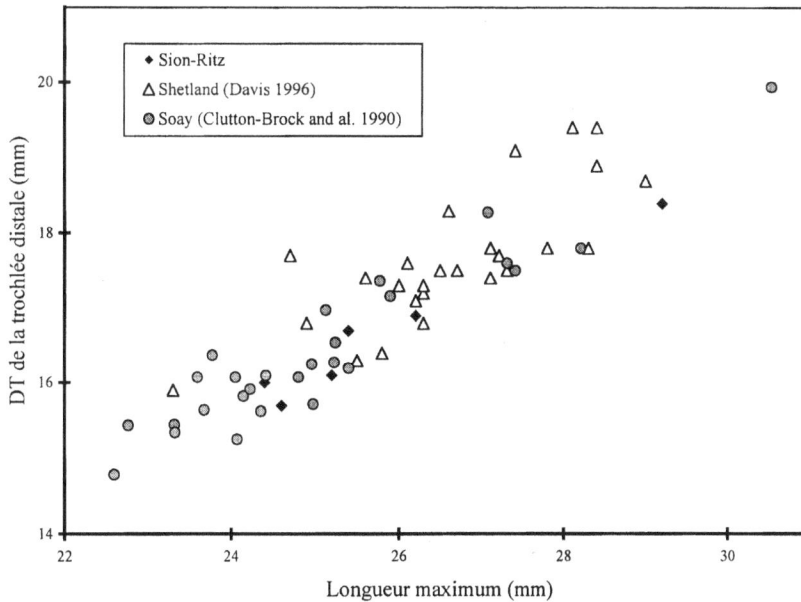

Fig. 7 : Comparaisons de la taille du talus (diamètre transverse distal et longueur maximum) entre les moutons de Sion-Ritz, des Shetland et des Soay actuels.

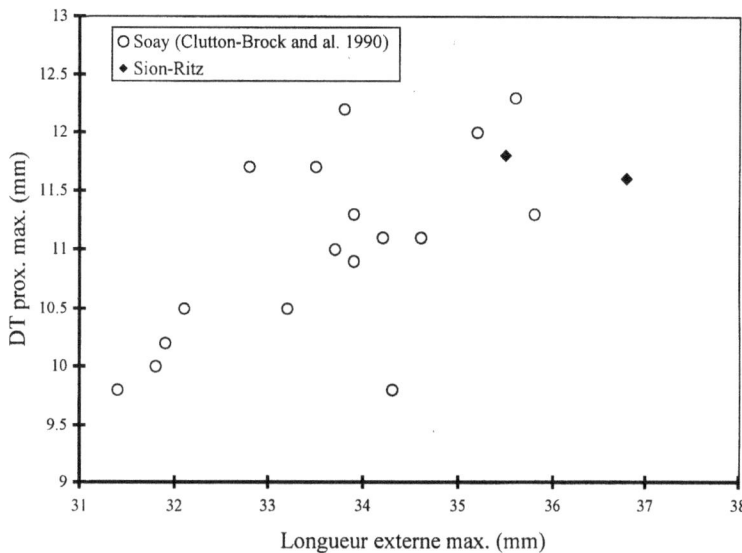

Fig. 8 : Comparaisons de la taille des phalanges 1 postérieures entre les moutons de Sion-Ritz et des Soay actuels.

23

Les mensurations des ossements découverts dans la fosse 22 font apparaître des individus petits, très graciles, comme nous pouvons le voir dans la description les concernant (voir chap. IV et annexe métrique). Dans les autres structures, malheureusement, peu de matériel permet d'obtenir une appréciation de la taille des animaux. Les proportions de l'astragale (fig. 7), os relativement bien conservé mais dont il est difficile d'estimer correctement l'âge, s'intègrent parfaitement dans l'ensemble de celles des moutons Soay mesurés par Clutton-Brock *et al.* (1990). Un seul de ces éléments dépasse réellement la taille des autres et, bien que plus étroit, il se place parmi les astragales les plus longs du groupe représenté par les Shetland publiés par Davis (1996). Se différenciant ainsi incontestablement des cinq autres talus de Sion-Ritz, nous pouvons sans doute poser l'hypothèse que ce dernier appartenait à un bélier. Par contre, les deux deuxièmes phalanges adultes mesurables se placent parmi les proportions les plus importantes de celles des Soay actuels (fig. 8). Il est cependant audacieux d'en conclure que ces os appartenaient à un mâle. Sans mesures précises, la comparaison de deux métatarsiens adultes de taille très différente (fig. 9), peuvent néanmoins indiquer l'existence d'un bélier et d'une brebis.

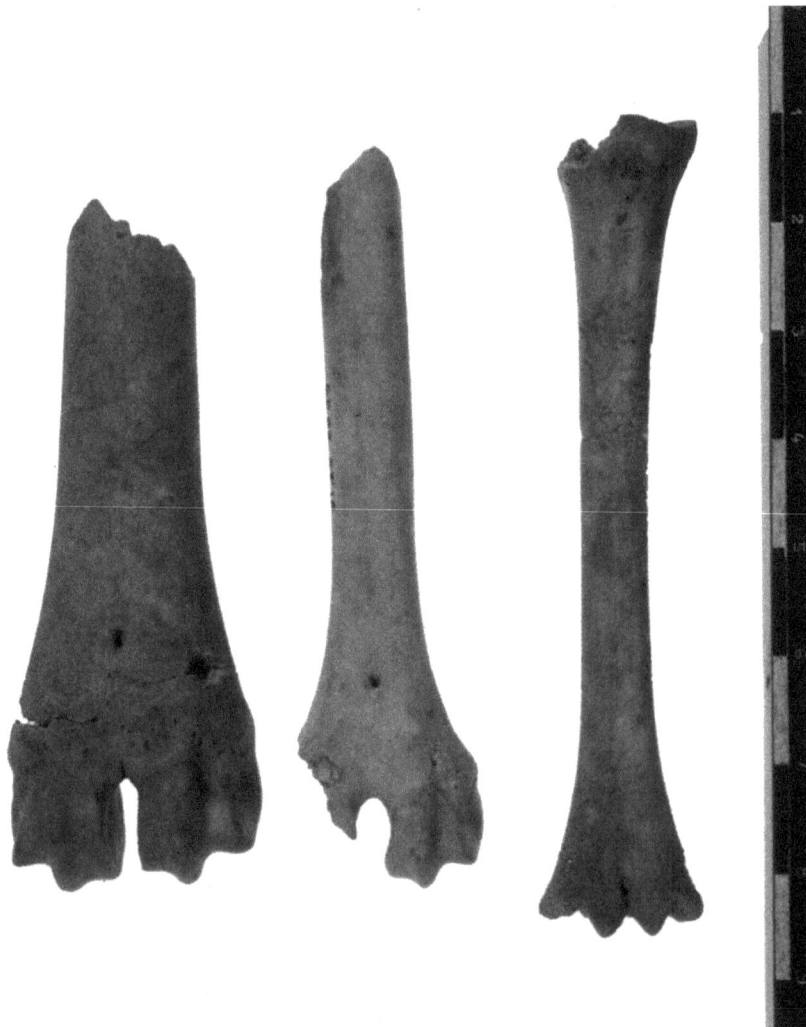

Fig. 9 : Comparaison de la taille de deux métatarsiens de moutons adultes et un juvénile (cliché J.-M. Zumstein).

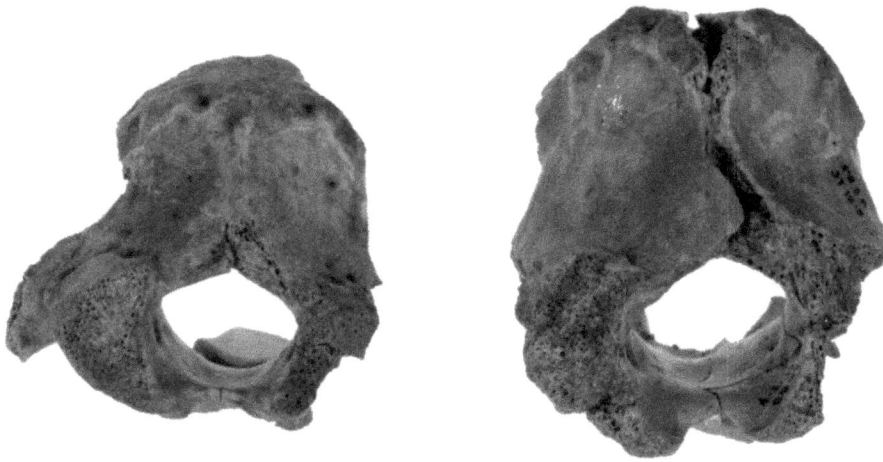

Fig. 10 : Arrière crânes de chèvre (à gauche) et de bouquetin (à droite) (cliché J.-M. Zumstein).

Fig. 11 : Restes crâniens, vertébraux et d'os longs de fœtus de capriné probablement avorté
(cliché J.-M. Zumstein).

Les restes de chèvre, nettement moins nombreux, sont pourtant présents, ce qui montre que les troupeaux étaient mixtes, même si les moutons étaient apparemment majoritaires. Trois individus ont pu être repérés d'après des arrière-crânes grâce à des sutures typiques de *Capra hircus* (fig. 10) et des fragments de chevilles osseuses (fig. 6). Les caprins étaient probablement plus grands et plus robustes que les ovins, comme le dénote la taille des crânes ou des phalanges découverts sur le site. Cependant, les vestiges de chevilles osseuses, qui semblent avoir soutenu des cornes aux mensurations assez imposantes, peuvent signifier la présence de bouc parmi les éléments caprins identifiés, ce qui expliquerait la taille de certains des os. Seule une demi-mandibule gauche, portant des dents déciduales, atteste la présence d'un jeune individu, de moins de trois mois.

Très peu de mesures permettent de décrire le ou les individus adultes identifiés. Cependant, celles obtenues sur l'humérus, sur deux premières et une deuxième phalanges (voir annexe métrique) appuient le fait qu'il s'agit d'animaux (ou d'un animal) de taille supérieure à l'ensemble des moutons.

Un tibia et un radius de fœtus ou nouveau-né découverts dans la fosse 3 ainsi qu'un fœtus presque complet de la structure 6 (fig. 11), bien que rattachés au groupe des "petits ruminants", doivent sans doute être attribués aux caprinés.

Les os longs de caprinés ont été systématiquement brisés (fig. 12), probablement pour en retirer la moelle. Quelques traces laissées sur des fragments de diaphyse résultent de la décarnisation sur certaines parties des membres (tibia, humérus, fémur) ou sur la cage thoracique (côtes). La désarticulation ou le démembrement ont également laissé des traces,

Fig. 12 : Diaphyses de deux radius de capriné brisés probablement pour en retirer la moelle (cliché J.-M. Zumstein).

26

plus profondes, placées sur ou près des épiphyses (radius, métapodes). Des incisions éparses sur des tarsiens (astragale, calcaneus, naviculo-cuboïde) et des métapodes sont probablement issues de la séparation des extrémités des pattes (fig. 13). Sur la tête, des traces sont significatives d'actes de boucherie très précis : de fines incisions, visibles sur un stylo-hyoïde gauche (fig. 14), supposent l'extraction de la langue. Des traces identiques sur le processus coronoïde ou le processus condylaire de quatre mandibules attestent de sa désarticulation, probablement en vue de la même opération (extraction de la langue). Le crâne a également subi l'attaque de la lame de silex, puisque de petites incisions ont été repérées sur le temporal droit d'un capriné. Il est plus difficile de dire à quel type de découpe se réfèrent ces traces, alors que l'apparente fracturation volontaire et répétée de certains crânes (fig. 15), visait certainement à retirer la cervelle.

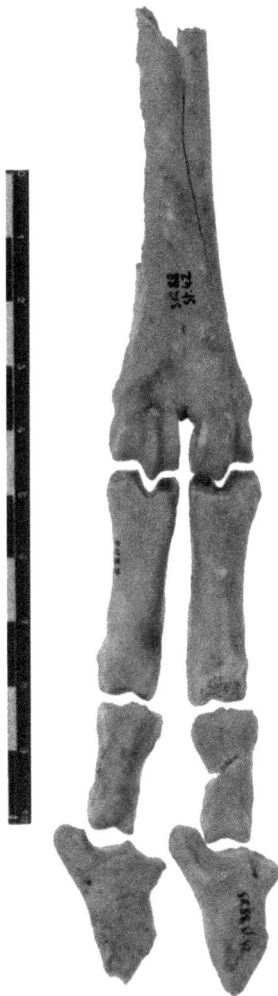

Fig. 13 : Extrémité de patte postérieure de mouton en connexion anatomique (remontage) (cliché J.-M. Zumstein).

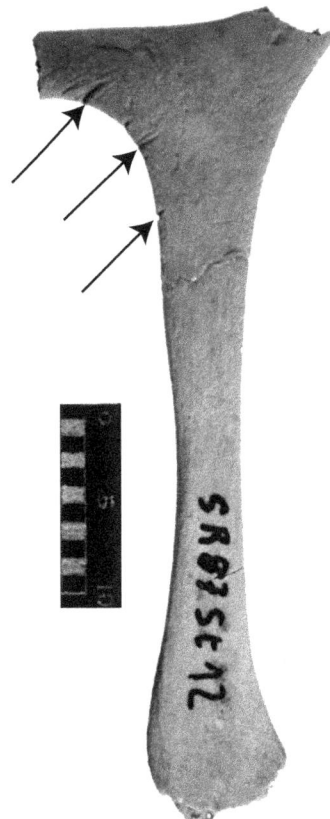

Fig. 14 : Incisions sur un stylo-hyoïde gauche de capriné (cliché J.-M. Zumstein).

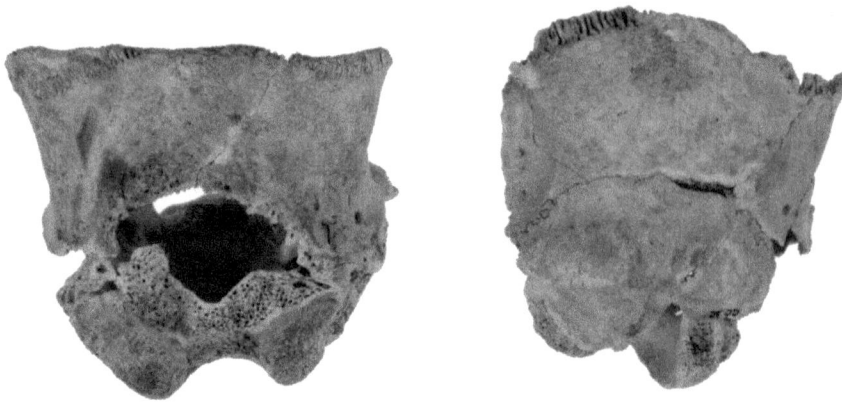

Fig. 15 : Crânes de moutons découpés au niveau de la suture entre pariétal et frontaux (cliché J.-M. Zumstein).

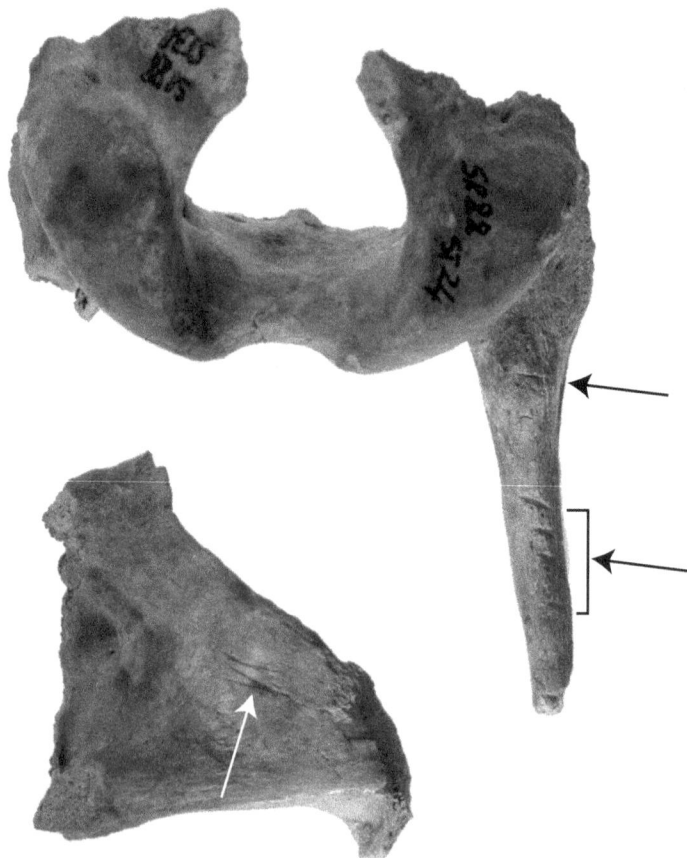

Fig. 16 : Traces de découpe sur le processus jugulaire droit d'un occipital et sur un fragment d'atlas de porc
(cliché J.-M. Zumstein).

Le porc (*Sus domesticus*)

Le porc occupe la dernière place des animaux domestiques à Sion-Ritz, avec 0.2 % des restes identifiés par espèce. Il est représenté par uniquement 4 ossements lui étant indiscutablement attribués. Cependant, un tibia et une omoplate d'un ou deux fœtus, considérés comme appartenant à la famille des suidés par manque d'éléments discriminants, sont sans doute à inclure aux ossements de *Sus domesticus*. De plus, la majorité des restes classés dans la famille des suidés sont probablement à rattacher au porc. Néanmoins, presqu'aucune mesure n'a pu être prise sur les fragments osseux, donc aucune analyse métrique ne peut nous aider à séparer les individus domestiques des sauvages.

Quelques traces de découpe sur les faces externes d'une omoplate et d'un calcaneus, ainsi que sur la face interne d'un radius, sont les stigmates d'un démembrement des pattes antérieure et postérieure. Des incisions parallèles repérées sur la face caudale du processus jugulaire droit d'un occipital (fig. 16), probablement de porc, provenant de la fosse 24, témoignent de la séparation de la tête et du corps. Par contre, celles observables sur la face ventrale d'un atlas (fig. 16) sont certainement caractéristiques de l'égorgement de l'animal.

2.2-Les animaux sauvages

L'aurochs (*Bos primigenius*)

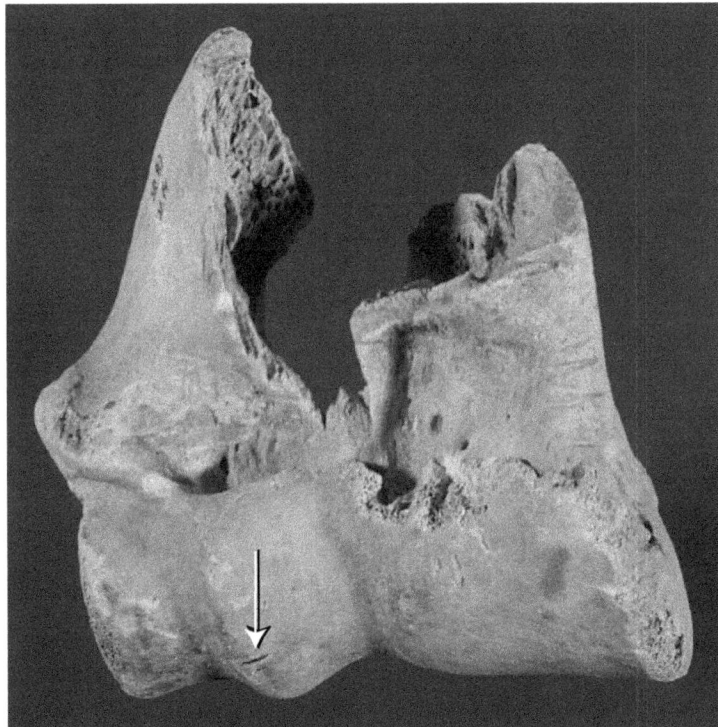

Fig. 17 : Traces de désarticulation sur un humérus droit d'aurochs (cliché C. Ratton).

L'humérus droit et le radius gauche appartenaient certainement au même animal, adulte, identifié grâce à l'épaisseur et à la compacité des parois des diaphyses et, surtout, grâce à la taille de leurs épiphyses. Le distum de l'humérus est en effet parfaitement comparable au même os de l'aurochs d'Etival (Jura ; voir Chaix 1994) : son diamètre transverse distal maximum s'élève à 105.7 mm (103.2 mm pour l'aurochs d'Etival) et le diamètre transverse minimum de la trochlée à 93.4 mm (93.8 mm pour celui d'Etival). Bien que seule une moitié de l'épiphyse proximale soit conservée, la taille du radius est, de la même façon, très similaire à celle de l'individu d'Etival.

Un fragment de diaphyse d'humérus provenant de la fosse 21 et une moitié proximale de radius de la structure 19 pourraient également être attribués au boviné sauvage, mais, dans le doute de leur appartenance à un gros taureau domestique, ils ont été décrits comme *Bos* sp.

Les deux ossements d'aurochs comportent de profondes traces répétées de désarticulation et probablement de décarnisation (fig. 17). Ils ont de plus été percutés, ce qui a fait éclater la diaphyse, de manière transversale pour l'humérus et longitudinale pour le radius (fig. 18).

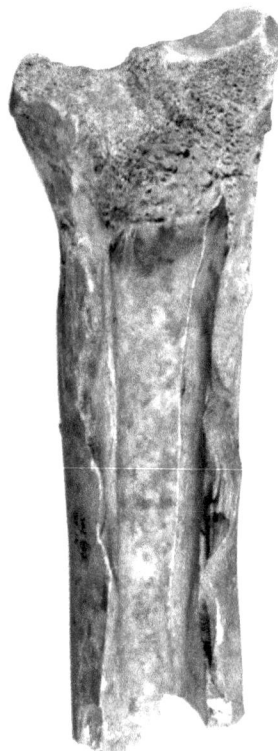

Fig. 18 : Fracturation longitudinale antéro-postérieure d'un radius d'aurochs (cliché C. Ratton).

Le cerf (*Cervus elaphus*)

Seuls trois restes (fragments de diaphyses de tibia et de fémur droits, une pointe d'andouiller) de cerf ont été identifiés sur ce site. Cependant, ces rares vestiges attestent de la capture d'au moins un individu, sub-adulte – un distum de tibia n'est pas épiphysé.

Le bouquetin (*Capra ibex*)

Un arrière-crâne de grande taille et comportant des insertions musculaires très profondes sur l'occipital (fig. 10) pourrait avoir appartenu à un très gros bouc à encornure imposante, mais la hauteur et la verticalité de l'occipital, ainsi que les dépressions correspondant aux insertions musculaires, sont tout à fait identiques sur l'arrière-crâne de certains bouquetins mâles actuels. Nous pouvons donc considérer que ce capriné sauvage est présent sur le site par au moins un vestige provenant de la fosse 19. De manière plus dubitative, trois vertèbres thoraciques et une lombaire ainsi qu'une moitié distale d'humérus, cette dernière appartenant au genre *Capra* sans l'ombre d'un doute, pourraient métriquement être rattachées à cette espèce. La taille de ces ossements de la fosse 15 correspond à celle d'un bouquetin femelle actuel. Bien que fragmentée, l'épiphyse distale de l'humérus donne une valeur approximative de son diamètre transverse maximum de 35.4 mm. Cette mesure est certes parmi les plus petites des bouquetins femelles actuels mesurés par Desse et Chaix (1991) : entre 35.1 et 38.8 mm ; le doute quant à la possibilité d'appartenance de cet os, tout comme des vertèbres, à un bouc, oblige lamentablement à leur abandon dans le groupe des caprinés sans plus de précisions.

Le chamois (*Rupicapra rupicapra*)

Un fragment d'omoplate et un proximum de radius sont indiscutablement attribuables à au moins un individu adulte de cette espèce (détermination : H. Fernández). Même si de rares restes peuvent avoir été classés dans le groupe des petits ruminants, leur identification étant incertaine, ils n'augmenteraient pas significativement les proportions de chamois. Néanmoins, la découverte de cet ossement, tout comme des vestiges de bouquetin, est intéressante, puisqu'elle prouve que les activités cynégétiques ont contribué à exploiter des terroirs de plus haute altitude (Hausser, éd. 1995).

Le sanglier (*Sus scrofa*)

Pas mieux représenté que le cerf (seulement par un tibia gauche et un radius droit), cet individu adulte, mâle d'après la taille du tibia, renforce pourtant la part de la chasse en milieu forestier. Le manque de mesures pouvant être prises sur les restes classés dans la famille des suidés n'autorise pas à attribuer plus de matériel au sanglier. Mais nous pouvons sans doute considérer que la très grande majorité de ces fragments osseux appartenait plutôt à des porcs qu'à leur ancêtre sauvage.

L'ours brun (*Ursus arctos*)

Uniquement un tibia droit, découvert dans la fosse 13, atteste la présence de l'ours sur le site. Il est peu plausible que cette partie anatomique ait été l'objet d'un ramassage, comme ce peut être le cas pour des canines. Nous pouvons donc raisonnablement supposer qu'un animal chassé a été rapporté sur le site. Il s'agit d'un ours adulte, dont le sexe n'a pu être déterminé.

Malheureusement, l'os en question ne portait aucune trace attestant de la découpe de l'individu ou de sa consommation. Pourtant, il est intéressant de noter que, s'il a été découpé et décharné, ses restes osseux (ou tout au moins certains d'entre eux) n'ont pas été recouverts de terre très rapidement, puisque le tibia comporte des traces d'incisives de rongeur (fig. 19).

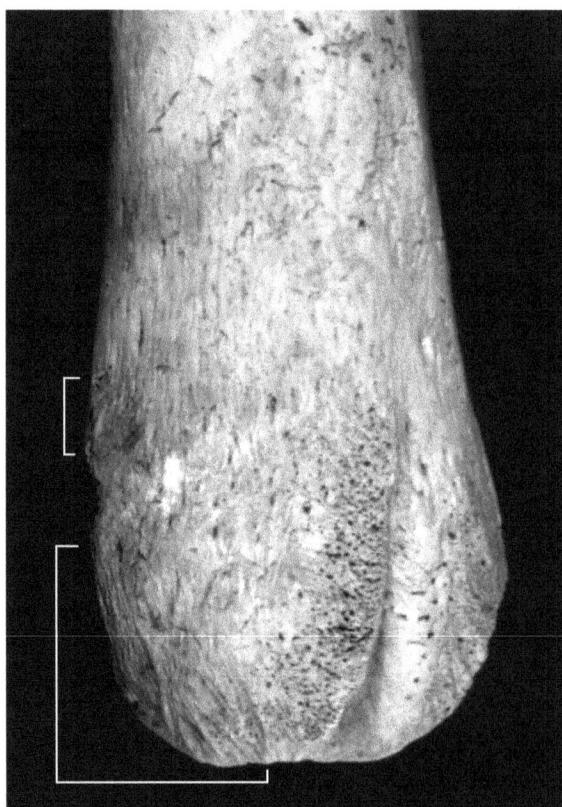

Fig. 19 : Tibia droit d'ours brun portant la marque d'incisives de rongeur sur son épiphyse distale (cliché C. Ratton).

Le blaireau (*Meles meles*)

Les diaphyses d'un tibia gauche et d'un fémur droit ont été respectivement trouvées dans les fosses 14 et 15. Il s'agit sans doute d'au moins un individu adulte, mais, en l'absence de parties anatomiques plus significatives, nous ne pouvons pas donner plus de précisions.

Ces os étant très érodés, il n'est pas non plus possible de repérer d'éventuelles traces de découpe de boucherie ou de pelleterie.

Le renard (*Vulpes vulpes*)

Une mandibule droite complète d'un renard adulte provient du remplissage de la fosse 22. Son dépôt n'est probablement pas intentionnel à cet endroit, mais cet élément provient néanmoins d'un animal certainement chassé.

2.3- Les animaux probablement intrusifs

Trois structures creuses contenaient des vestiges de micromammifères, certainement intrusifs. Dans la fosse 10, un fémur gauche de rongeur du genre *Arvicola* (campagnol) est l'unique témoin de cet animal repéré sur le site. Par contre, deux mulots à collier (*Apodemus flavicollis*) ont été découverts : l'un, représenté par un tibia droit et un fémur gauche, provient de la fosse 5 ; le second, un squelette quasiment complet (crâne, os longs, éléments du tronc) de sub-adulte, a été récolté dans la fosse 54.

2.4- Les os humains

Bien qu'aucune tombe n'ait été perturbée par le creusement de la structure 14, cette dernière contenait des vestiges humains : 5 fragments de crâne d'un jeune enfant, dont l'âge, déterminé par C. Kramar[3], se situerait entre 0 et un an. A noter qu'un fragment d'orbite présente, sur sa face interne, une pathologie caractérisée par une porosité de l'os et nommée *cribra orbitalia* (Kramar, comm. pers.). Cette pathologie peut résulter d'un problème infectieux ou nutritionnel et peut être due aussi bien au sevrage qu'à une anémie, une mal-nutrition, etc. Cette découverte est quelque peu singulière, d'une part parce que la présence de ces restes est insolite dans une fosse-dépotoir, et d'autre part parce que ces éléments semblent isolés du squelette post-cranien.

---

[3] Université de Genève, Département d'Anthropologie et d'Ecologie.

III - LA FAUNE DES FOSSES DE L'HABITAT

1-Caractéristiques générales de l'assemblage osseux

1.1-Conservation du matériel

La presque totalité des fragments osseux prélevés dans les fosses étudiées comporte des empreintes superficielles de dissolution due à l'action des radicelles ou de certains mollusques (fig. 20). Dans les cas où l'action de ces éléments dégradeurs a été importante et recouvrante, aucune trace, témoin d'actions antérieures anthropique ou non, ne peut être observée.

Fig. 20 : Exemples de traces laissées par les radicelles sur la surface des os (cliché J.-M. Zumstein).

Peu de marques de morsure ont été relevées : seuls 5 ossements comportaient des traces de morsure de carnivore, ou éventuellement de porc. Un grand cunéiforme de petit ruminant et un tibia d'ours (fig. 19) ont été attaqués par des rongeurs, ce qui prouve qu'ils sont restés un certain temps à l'air libre avant d'être inhumés. A noter qu'une esquille d'os compact, probablement un fragment de diaphyse, ainsi qu'une phalange 2 de capriné ont été digérées (fig. 21).

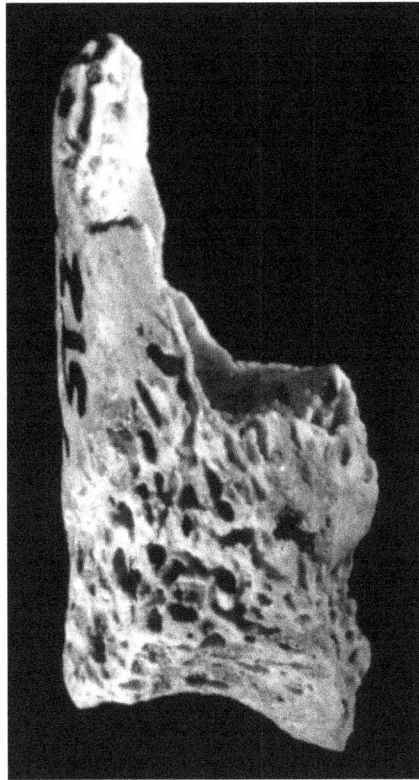

Fig. 21 : Phalange 2 de capriné attaquée par les sucs digestifs, vraisemblablement de carnivore (cliché J.-M. Zumstein).

Les principales causes de dégradation des ossements prélevés dans les fosses de l'habitat de Sion-Ritz sont anthropiques : l'important taux de fragmentation des vestiges est en effet le résultat des techniques de boucherie, voire de consommation. Ainsi, mis à part un tibia et un radius de fœtus ou mort-né de petit ruminant, aucun os long n'a été retrouvé dans son intégralité, les diaphyses étant systématiquement brisées. Sur certains fragments, il est possible de repérer les impacts de percussion à partir desquels l'os a éclaté (fig. 12). Les ossements contenus dans les fosses peuvent donc être considérés comme étant essentiellement des vestiges de repas. Cette proposition est en outre renforcée par le fait que, malgré la dégradation superficielle due aux radicelles ou à l'érosion, 64 ossements, soient 13.4 % du total des restes déterminés par espèce ou par genre (ou 2.2 % du total de la faune) comportent des stigmates de découpe, qui correspondent à un démembrement ou à de la décarnisation. Ces marques ont été repérées sur l'ensemble du squelette, principalement chez les représentants domestiques de la faune, puisque ces derniers existent sur le site en proportions beaucoup plus importantes que les sauvages. Certaines d'entre elles seront traitées plus précisément lors de la description des espèces ci-dessous. Aucune trace correspondant clairement à une découpe de pelleterie n'a été observée.

Parallèlement aux témoins des activités de boucherie, 10.2 % des restes osseux comportent des marques de brûlure, souvent légères (os brun ou peu carbonisé), parfois plus sérieuses (os très carbonisé, voire calciné). Se positionnant sur des parties anatomiques variées, ces traces sont souvent des vestiges d'exposition directe au feu, lors du rôtissage des morceaux, contrairement à la signification des empreintes de carbonisation observées sur les ossements de la fosse 22 (voir chap. IV).

1.2-Ossements travaillés

Trois pointes sur métapodes de petits ruminants ont été découvertes dans les structures 34 et 35 : la première (structure 34) a été façonnée sur une moitié distale de métapode et comprend une poulie ; la deuxième (structure 35), sur métacarpe droit, est issue de la moitié proximale et inclut un tiers de cette épiphyse (fig. 22) ; la troisième (structure 35) est brisée et n'est plus représentée que par un fragment de diaphyse de métatarse.

Une incisive droite de petit ruminant, probablement de capriné, provenant de la structure 25, a été polie sur sa surface dorsale, où l'émail a complètement disparu. La racine peut également avoir été polie, mais on aperçoit surtout une incision obtenue au silex à la limite de la couronne (fig. 23).

Enfin, un fragment, vraisemblablement de métacarpien rudimentaire de capriné, a été travaillé (poli ?) sur presque toute sa circonférence (fig. 24). Cependant, nous ne pouvons l'assimiler à un quelconque type d'outils.

Fig. 22 : A gauche : pointe sur métacarpe de capriné ; à droite : pointe sur métapode de capriné (cliché J.-M. Zumstein).

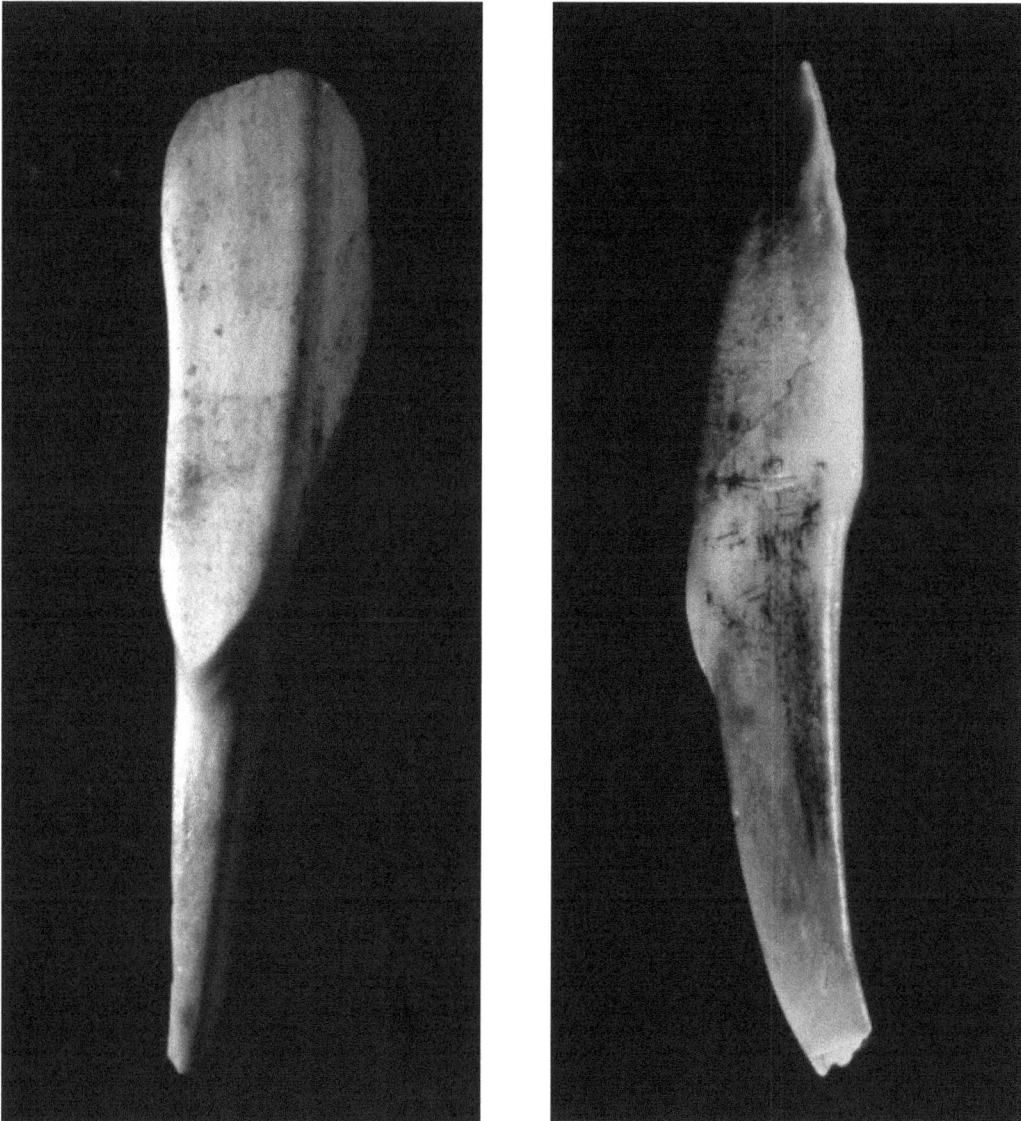

Fig. 23a et b : Incisive droite de petit ruminant, certainement de capriné, débarassée de son émail et probablement polie en surface. Des incisions au silex sont visibles sur sa racine, à la limite de la couronne (cliché J.-M. Zumstein).

1.3-Assemblage faunique global

L'échantillon faunique étudié (fig. 25) des fosses de l'habitat comprend 2940 restes osseux.

Sur l'ensemble des fosses contenant des vestiges fauniques, les animaux domestiques sont largement majoritaires, puisqu'ils représentent 80 % du total des restes déterminés par espèce ou par genre (fig. 26a). Nous pouvons ici ouvrir une parenthèse pour remarquer que les espèces domestiques sont mieux représentées par la méthode quantitative du nombre de restes (NR) que les sauvages, alors que ces derniers prennent plus d'importance lorsque les restes sont quantifiés par la méthode du poids des restes (fig. 26b). Ceci doit être mis en relation avec la taille plus imposante de certaines espèces sauvages (aurochs, ours, bouquetin). Les animaux sauvages identifiés atteignent moins de 3 % du total des restes déterminés par espèce ou par genre.

En comparant les poids, la faune sauvage est légèrement avantagée, mais reste néanmoins très en dessous des proportions de faune élevée (fig. 26a et b). Pourtant, les animaux chassés se répartissent en une gamme d'espèces plus large (6 espèces) que les domestiques (4 espèces), ce qui signifie que chacune des espèces sauvages est représentée par un nombre infime, parfois anecdotique, de restes (1 à 4 fragments) (fig. 25 et 27).

Parallèlement à la famille des caprinés domestiques, comprenant les moutons et les chèvres, les vestiges de deux genres, dont l'espèce n'a pu être précisée, peuvent appartenir aussi bien à des individus élevés qu'à des animaux chassés. Il s'agit des genres *Bos* (bœuf ou aurochs) et *Sus* (porc ou sanglier). Néanmoins, les proportions de faune sauvage présente sur le site incitent à penser que la grande majorité de ces restes indéterminés par espèce appartenait à des animaux domestiques.

Les indéterminés atteignent un pourcentage du nombre de restes total très élevé (plus de 83 %), alors qu'ils ne représentent que 34 % du total en poids. Le rapport entre les totaux correspondant à ces deux pourcentages démontre que cette catégorie de restes osseux est composée surtout d'esquilles de petite taille (pesant 2.5 gramme en moyenne).

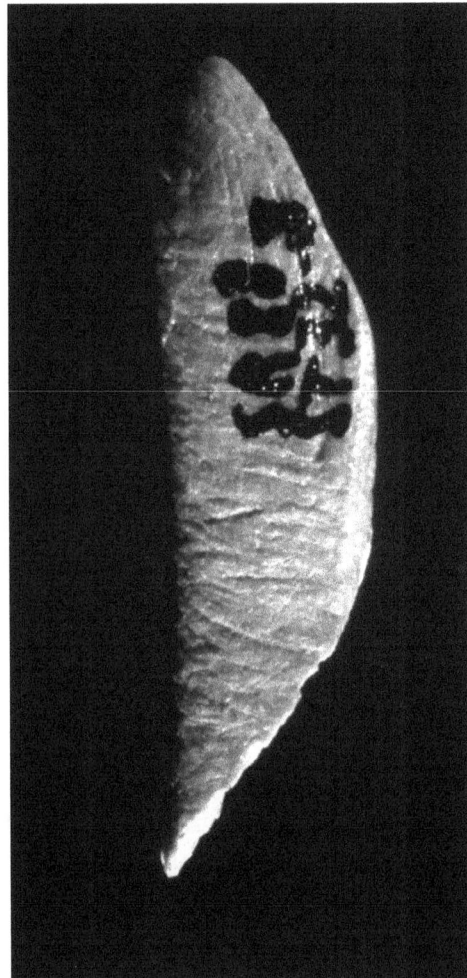

Fig. 24 : Fragment d'os dense (métacarpien rudimentaire de capriné ?) travaillé sur sa circonférence (cliché J.-M. Zumstein).

	Faune des fosses de l'habitat				
	NR	% NR	poids	% pds	NMI
boeuf (*Bos taurus*)	93	19.4	2577	42.8	3
mouton (*Ovis aries*)	60	12.5	337.8	5.6	4
chèvre (*Capra hircus*)	17	3.5	151.6	2.5	3
mouton ou chèvre	190	39.7	740.5	12.3	
porc (*Sus domesticus*)	4	0.8	29.3	0.5	1
total domestiques	**364**	**75.9**	**3836.2**	**63.8**	**11**
aurochs (*Bos primigenius*)	4	0.8	592.7	9.9	1
cerf (*Cervus elaphus*)	3	0.4	7.5	0.1	1
bouquetin (*Capra ibex*)	13	2.7	74.6	1.2	1
chamois (*Rupicapra rupicapra*)	2	0.4	21.9	0.4	1
sanglier (*Sus scrofa*)	2	0.4	32.4	0.5	1
ours brun (*Ursus arctos*)	1	0.2	103	1.7	1
blaireau (*Meles meles*)	2	0.4	11.4	0.2	1
total sauvages	**27**	**5.3**	**843.5**	**14**	**7**
boeuf ou aurochs (*Bos* sp.)	42	8.8	993.3	16.5	
porc ou sanglier (*Sus* sp.)	47	9.8	343.7	5.7	
total déterminés	**480**	**100**	**6016.7**	**100**	
grands ruminants	20	0.7	123.1	1.3	
petits ruminants	466	16.2	968.6	10.5	
grande taille	152	5.3	714	7.8	
taille moyenne	868	30.2	918.3	10	
petite taille	8	0.3	1	0.01	
indéterminés	883	30.7	451.5	4.9	
total indéterminés	**2397**	**83.4**	**3176.5**	**34.5**	
TOTAL	**2877**	**100**	**9193.2**	**100**	
campagnol (*Arvicola sp.*)	1				1
mulot à collier (*Apodemus flavicolis*)	58				1
homme (*Homo sapiens*)	5				1

Fig. 25 : Assemblage faunique des fosses de l'habitat.

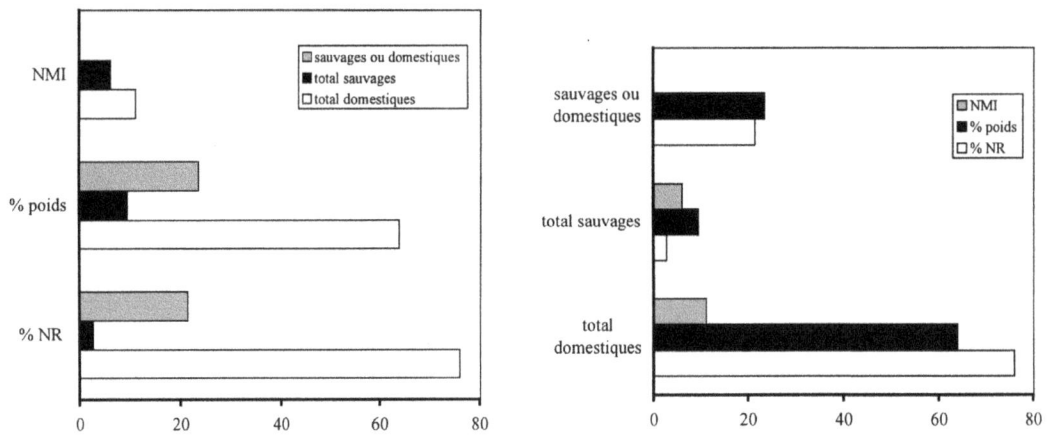

Fig. 26a et b : Proportions d'espèces domestiques et sauvages en utilisant trois méthodes d'évaluation : le nombre de restes (NR), le poids des restes et le nombre minimum d'individus (NMI) et deux types de vues graphiques.

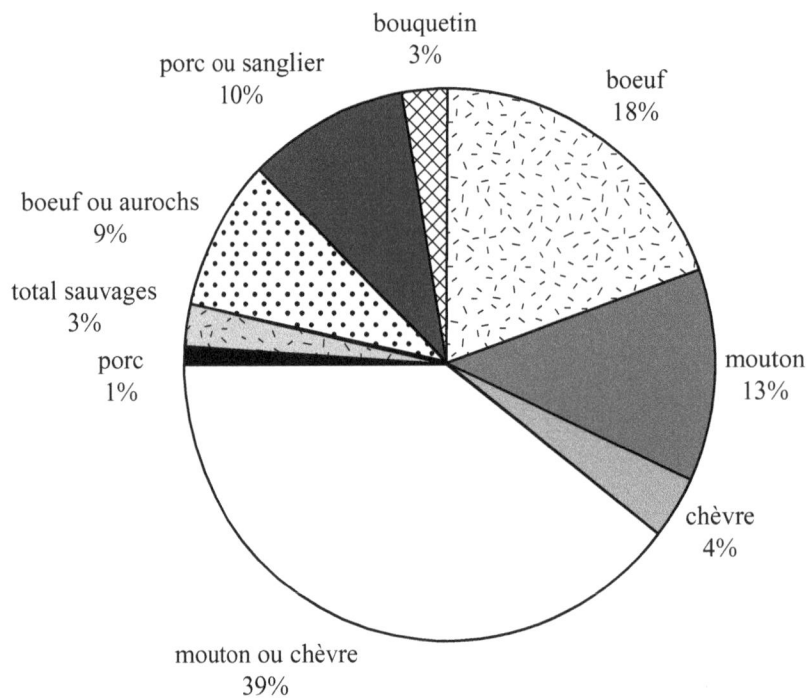

Fig. 27 : Représentation des espèces déterminées en pourcentages du nombre de restes.

2-Proportions spécifiques

Ce sous-chapitre est destiné à synthétiser les données ostéologiques des espèces plus précisément décrites dans le chapitre II-2, en ne retenant que les vestiges provenant des fosses de l'habitat (fosse 22 exclue), avec un objectif plus particulièrement quantitatif et comparatif. En effet, les proportions de toutes les espèces présentes sont largement modifiées en retirant des totaux les effectifs des caprinés de la fosse 22, qui nous semble t-il, doivent

40

être étudiés dans un chapitre séparé.

2.1-Parmi les animaux élevés

Le *mouton* et la *chèvre* sont bien entendu quantitativement les plus importants dans ce contexte néolithique valaisan. Ils totalisent presque 56 % des restes déterminés et plus de 73 % des restes d'espèces domestiques dans les structures creuses de l'habitat (fig. 25). Sur le total de 267 fragments osseux de caprinés, 22.5 % ont été attribués au mouton et 6.4 % à la chèvre (fig. 25). Ces pourcentages de restes représentent, en termes d'individus, 4 ovins et 3 caprins, dont les détails morphologiques et métriques sont décrits dans le chapitre antérieur. Ces dénombrements montrent que le cheptel de caprinés domestiques était mixte. Il faut certainement encore rajouter à ces chiffres les restes de périnataux (fig. 11), l'un provenant de la fosse 3, et l'autre de la fosse 6.

En nombre de restes (19.4 % des restes déterminés, voir fig. 25), le *bœuf* se situe en deuxième position après les moutons et les chèvres dans les fosses de l'habitat. En poids, il occupe même une nette première place (43 %), défavorisant ainsi les caprinés. Les trois individus reconnus, sub-adulte et adultes, se répartissent dans les fosses tel qu'il est décrit dans le sous-chapitre 3.

Enfin, le *porc* occupe la dernière place des espèces domestiques dans les fosses de l'habitat, avec 0.8 % des restes identifiés, tout en sachant qu'une forte proportion des restes de suidés indéterminés lui sont probablement attribuables.

2.2-Parmi les animaux chassés

La faune sauvage ne contribue qu'en de très faibles proportions à l'apport de ressources animales dans l'habitat de Sion-Avenue Ritz. Pourtant, les différents ossements déterminés prouvent que la chasse s'est tournée vers diverses espèces et des milieux variés.

L'*aurochs* est attesté par au moins deux fragments, ce qui prouve qu'il vivait encore dans la Haute vallée du Rhône au Néolithique moyen. Il devait ressembler morphologiquement et métriquement aux aurochs du Jura (voir chap. précédent).

De même, au moins un *cerf*, bien que représenté par seulement trois restes, a indiscutablement été chassé dans les environs forestiers du site, ce qui est également le cas du *sanglier* (un individu adulte mâle), de l'*ours brun* (un individu) et du *blaireau* (un individu). Le *bouquetin*, ainsi que le *chamois*, sont eux les témoins d'activités cynégétiques tournées vers l'exploitation de terroirs de plus haute altitude, le premier étant typique de la haute montagne et le second vivant généralement en limite supérieure de forêt (Hausser, éd. 1995).

2.3- Parmi les autres vestiges

Les restes osseux de micromammifères, campagnol et mulot à collier, sont difficiles à interpréter. Néanmoins, le second étant fouisseur, il peut être tout à fait intrusif. Par contre, le mulot à collier est presqu'exclusivement terrestre, ce qui suppose qu'il est probablement mort dans la fosse 54 avant son comblement.

Des fragments de crâne d'un jeune enfant, dont l'âge a été évalué entre 0 et 1 an, proviennent de la structure 14. L'interprétation de cette découverte (rejet parmi les déchets ?) reste obscure en l'absence du squelette post-crânien, qui prouverait qu'il a été déposé entier dans la fosse.

3-Répartiton spatiale et par espèce

3.1-Répartition par fosse des vestiges fauniques

Les restes animaux se répartissent de manière irrégulière dans les structures creuses individualisées. Certaines d'entre elles (14, 15, 18, 19, 32 ou 35, fig. 28), contenaient un nombre important de vestiges osseux. A l'opposé, la 7 (2 fragments), la 20 (4), la 39 (9), la 50 et la 51 (3) ou la 52 (4) ont révélé un contenu très pauvre. Or, cette répartition inégale des quantités de restes semble correspondre relativement bien à la fonction de chacune des structures : ainsi, les 14, 15, 18, 19 et 32 sont de vastes excavations interprétées comme fosses-dépotoirs ; les 20 et 39, par contre, n'étaient que des trous de poteaux dans lesquels la présence d'ossements, pris dans les sédiments de comblement, est certainement accidentelle.

Cependant, la répartition de l'ensemble faunique dans les fosses est dans certains cas très différente en comparant le nombre et le poids des restes (fig. 29). Ainsi, les fosses 6, 15, 18, 25, 35, ou encore 54 (ossements de micromammifères non compris), qui contiennent un nombre relativement élevé de fragments, sont beaucoup moins représentatives en opérant une répartition du matériel en fonction de son poids. Dans ces quatre structures, le poids moyen de chaque fragment n'est en effet que d'environ 2 grammes. A l'opposé, les fosses 14 et 19, par exemple, se distinguent plus par le poids des vestiges qu'elles comportaient que par leur nombre. Les restes qui y ont été récoltés pèsent en moyenne 6 grammes.

Cette inégalité de répartition par nombre de restes et poids est significative d'une certaine distribution différentielle des espèces dans chacune des fosses (fig. 30) : si les caprinés, petits ruminants et autres animaux de taille intermédiaire sont bien représentés dans l'ensemble des fosses, les bovinés (grande taille), plus rares sur le site, sont répartis de manière un peu plus irrégulière dans les structures et ne sont pas présents dans la totalité d'entre elles. De plus, le poids moyen de chacun des fragments attribués à cette dernière famille étant relativement élevé, leur présence dans une fosse, sans augmenter le nombre de restes significativement, accroît en outre le poids très sensiblement. En effet, chaque vestige de bœuf ou d'aurochs pèse en moyenne 30 grammes. Or, nous pouvons justement remarquer que ces imposants représentants cornés apparaissent principalement dans les structures 14 et 19 (fig. 30). De plus, l'aurochs, dont les os sont particulièrement lourds car très compacts et à parois très épaisses, n'est représenté que par deux restes (humérus

n° structure	NR
1	18
2	80
3	29
4	23
5	53
6	86
7	2
8	16
9	28
10	51
11	21
12	95
13	71
14	189
15	306
16	27
17	28
18	244
19	331
20	4
21	12
23	15
24	72
25	99
27	24
29	16
30	30
30-31	15
31	56
32	187
33	18
34	25
35	190
36	33
37	16
38	12
39	9
40	22
41	90
42	53
44	52
47	16
48	14
50	3
51	3
52	4
54	94
T11	2

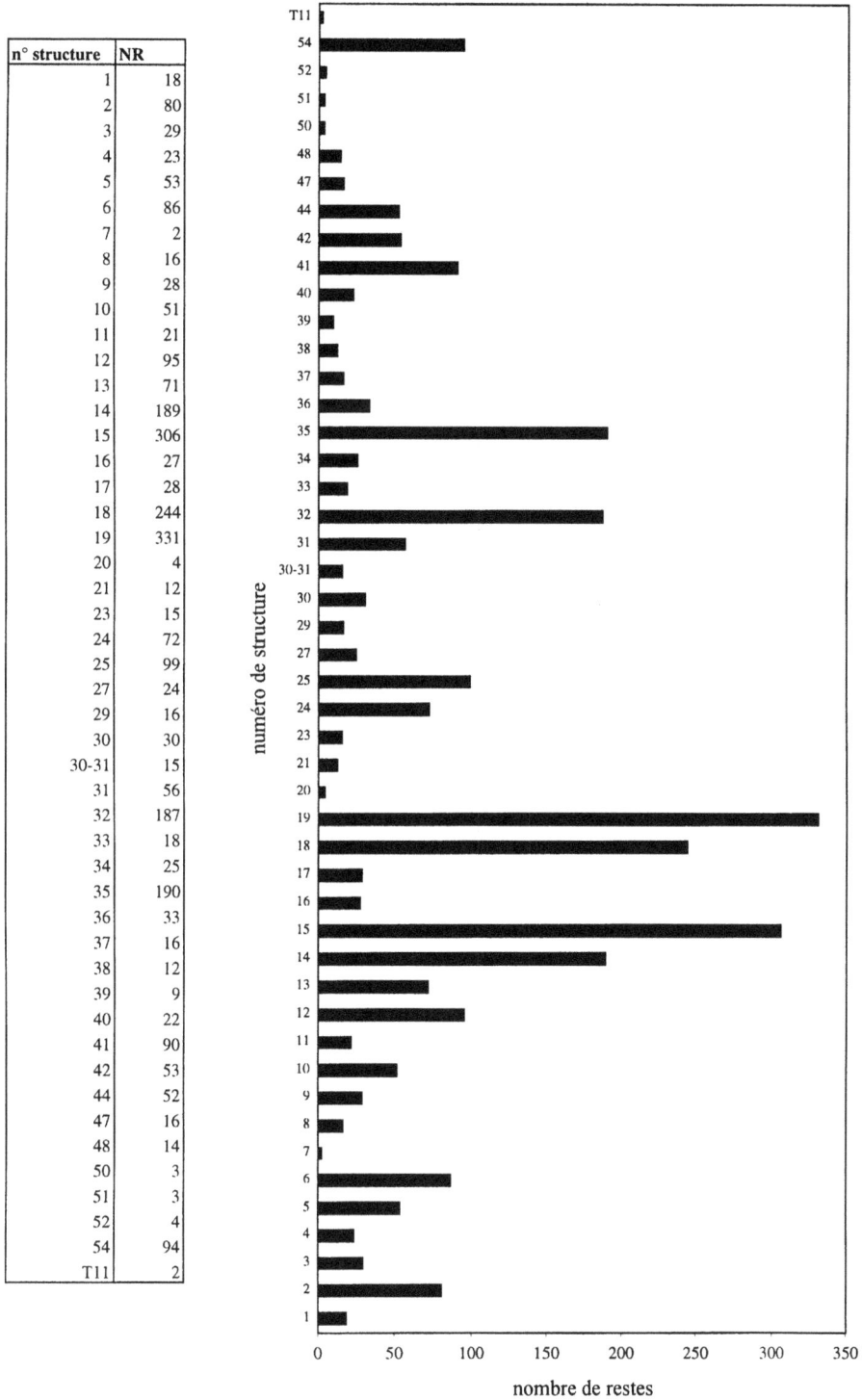

Fig. 28 : Répartition du nombre de restes par structure.

43

n° structure	poids (g)
1	52
2	268.9
3	53.9
4	24.4
5	224.2
6	46
7	6.5
8	25
9	166.8
10	198.7
11	48.1
12	160.4
13	153.8
14	1136.8
15	833.1
16	60.9
17	133.8
18	589.1
19	1977.8
20	2.1
21	117.6
23	21.9
24	154.3
25	86
27	83
29	21.9
30	40.9
30-31	119.8
31	144.4
32	729.1
33	14.7
34	48.5
35	328.3
36	59.2
37	48.7
38	13.6
39	95.4
40	67
41	255.2
42	126.6
44	154.6
47	10.5
48	46.9
50	6
51	12.1
52	13.6
54	98.8
T11	7.9

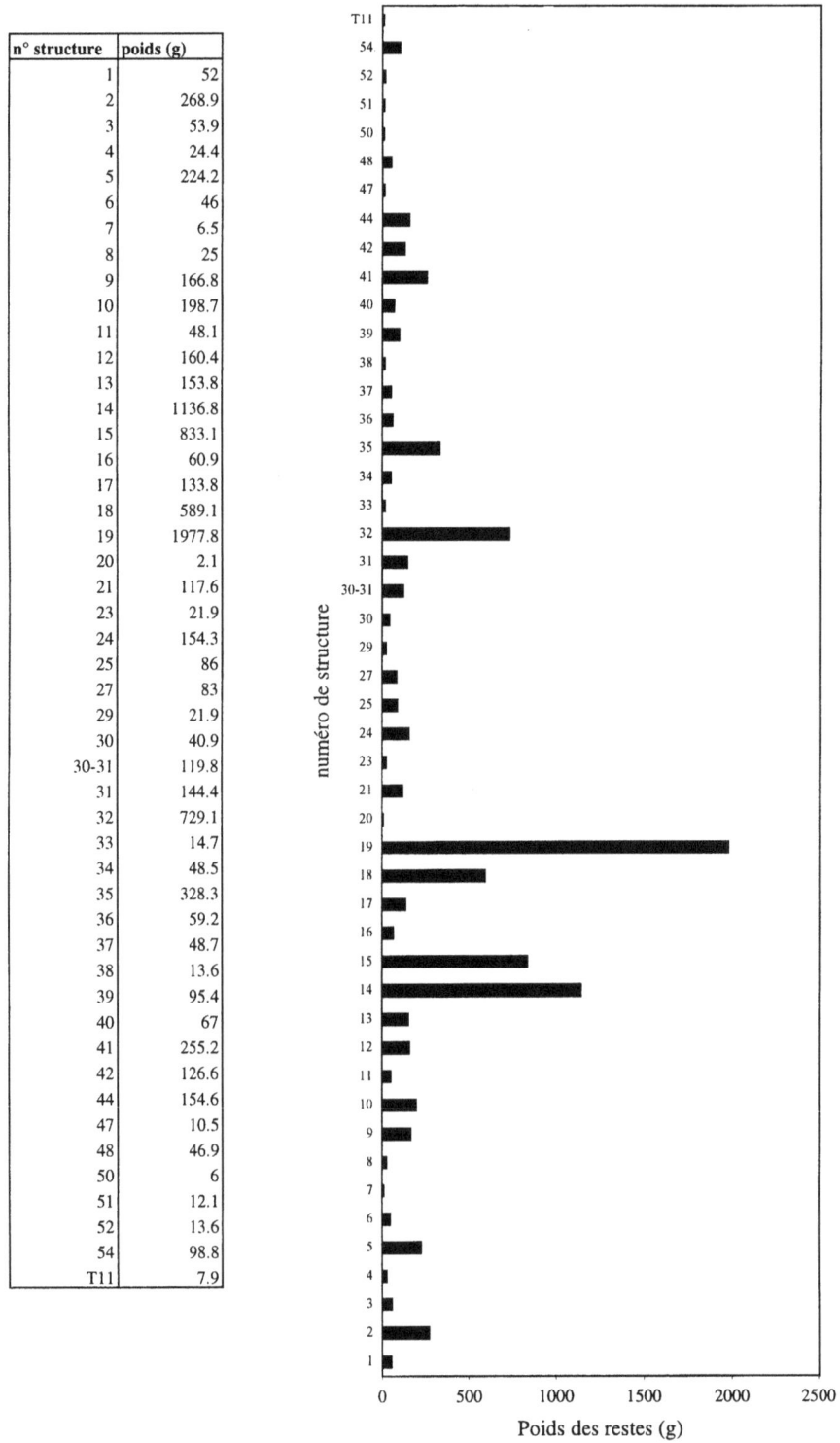

Fig. 29 : Répartition du poids total des restes par structure.

44

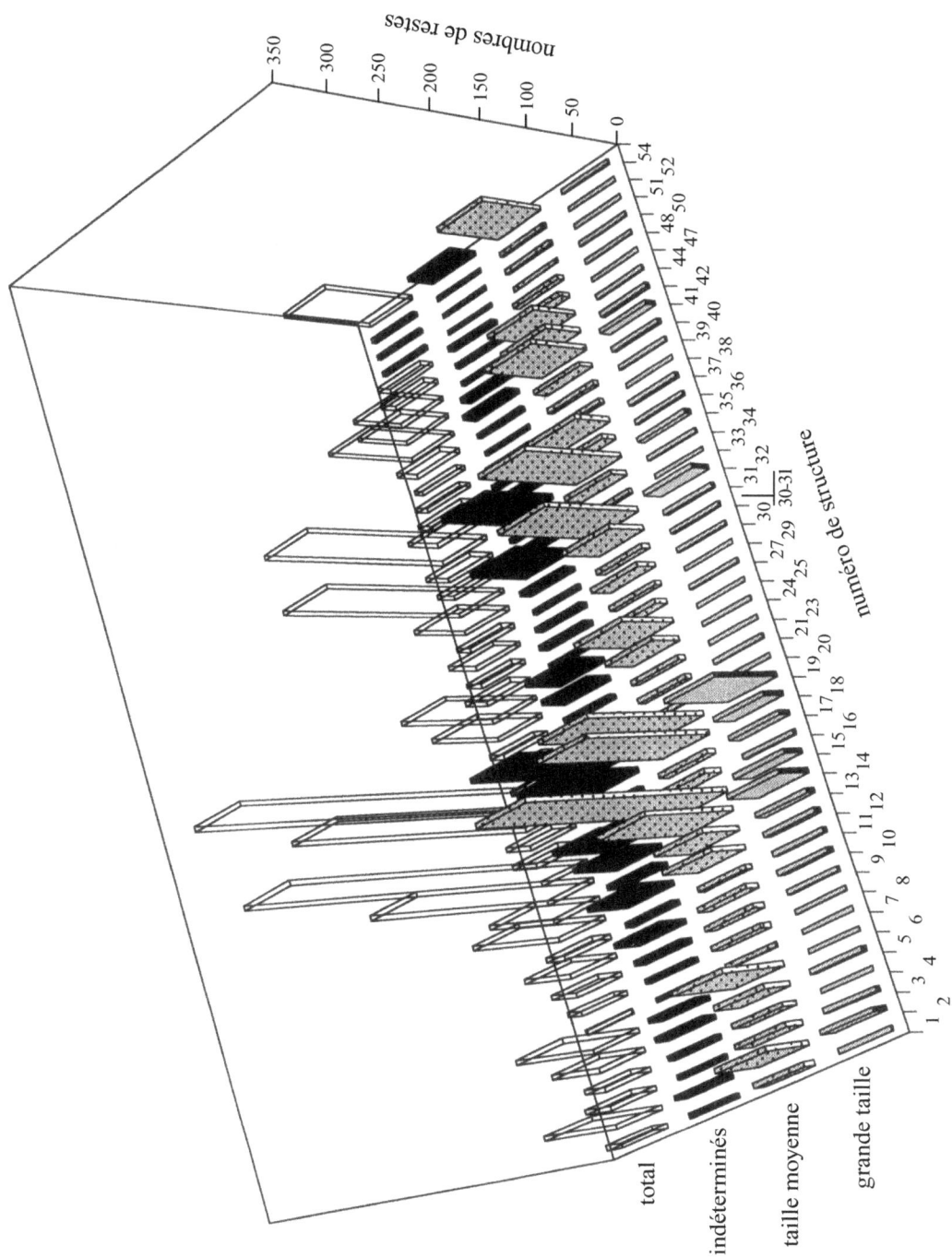

Fig. 30 : Répartition différentielle des restes osseux (en nombre de restes) par structure et par catégorie de taille des animaux (grande taille = grands ruminants ; taille moyenne = porc, petits ruminants ; indéterminés = indéterminés, petits carnivores).

structure	1	2	3	4	5	6	7	8	9	10	11	12	13	14	15	16	17	18	19	20	21	23	24	25	27	29	30	30-31	32	33	34	35	36	37	38	39	40	41	42	44	47	48	50	51	52	54	T11
pds/NR	2.9	3.4	1.8	1	4.2	0.5	3.2	1.5	5.9	3.9	2.3	1.7	2.2	6	2.7	2.2	4.8	2.4	6	0.5	9.8	1.5	2.1	0.9	3.4	1.4	1.4	8	3.9	0.9	1.9	1.7	1.8	3	1.2	10.5	3	2.8	2.4	3	0.6	3.4	2	4	3.5	1	4

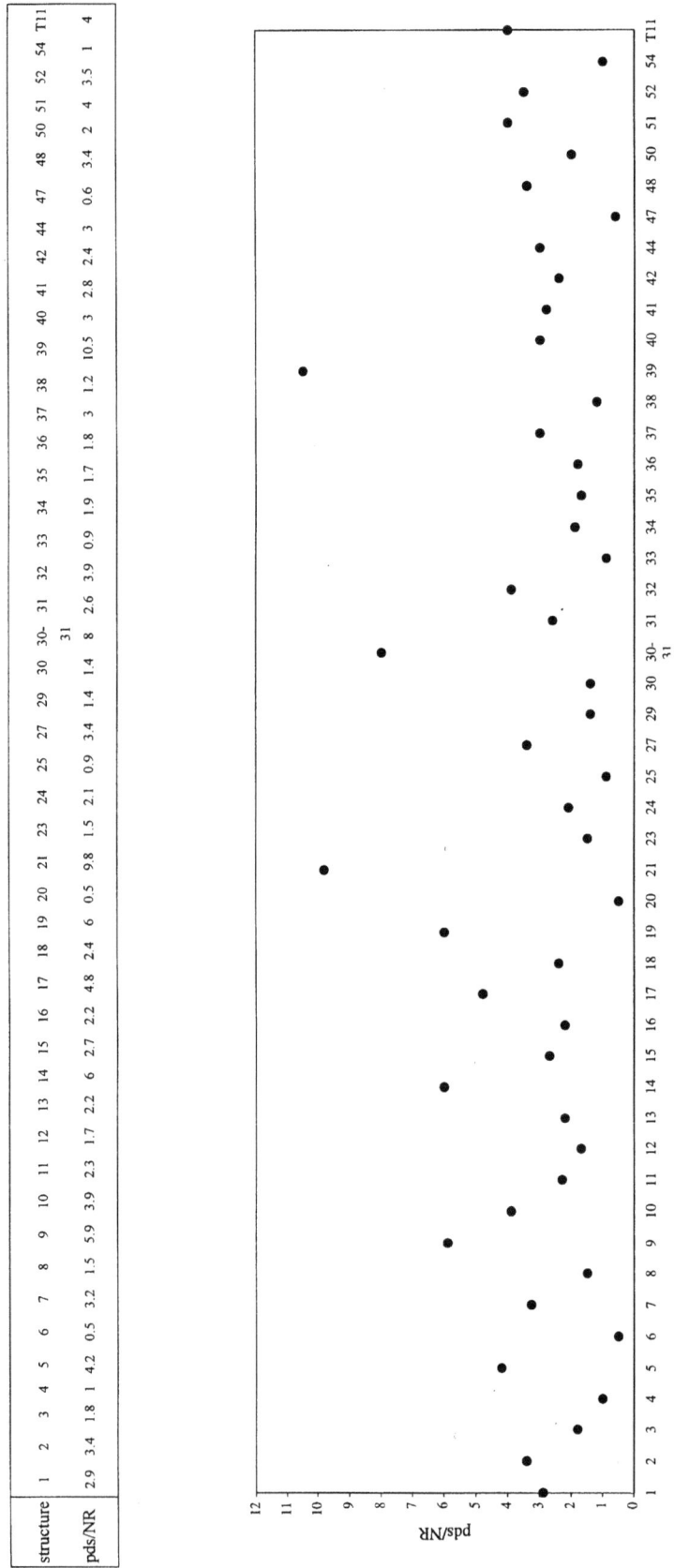

Fig. 31 : Rapport poids des restes / nombre de restes de chaque structure.

et radius) dans la structure 14.

Par contre, les caprinés, petits ruminants et taille moyenne sont en proportions spécialement importantes dans les fosses 2, 6, 15, 32, 35, 41, 42, 44 et 54. Le poids moyen des fragments représentant ce groupe étant de 2 grammes, ceci explique que ces dernières structures soient mieux représentées en nombre de restes qu'en poids.

La répartition du poids des restes dans les fosses étant dépendante du nombre de vestiges, le rapport "poids sur nombre de restes" nous montre que les structures contenant très peu de fragments osseux, et parmi eux du bœuf, sont celles ressortant le mieux du graphique de la figure 31. Mais cette méthode met particulièrement en évidence les unités comportant très peu de vestiges (dont certains sont lourds), ce qui ne nous paraît pas être le plus représentatif.

La distribution des os de chacune des espèces par fosse ne donne pas de résultat particulier, puisqu'aucune des structures ne semble regrouper une concentration notable de vestiges d'un animal choisi, ni en nombre, ni en poids de restes.

3.2-Répartition anatomique des espèces les mieux représentées

Globalement, les parties anatomiques pouvant correspondre à des pièces de boucherie sont représentées de manière très équilibrée : aucune sur-représentation de certains ossements

Espèces Parties du squelette	mouton	chèvre	mouton ou chèvre	boeuf	boeuf et/ou aurochs	porc et/ou sanglier
tête	10	11	71	21	6	10
membre antérieur	21	2	26	11	15	11
tronc	0	0	23	7	8	6
membre postérieur	2	0	18	15	10	9
extrémités de membres	26	4	48	37	3	12

Fig. 32 : Nombre de restes par partie anatomique et par espèce ou groupe d'espèces.
tête = boîte cranienne + mandibules + dents isolées
membre antérieur = omoplate + humérus + radius-cubitus
tronc = vertèbres + côtes + sternum
membre postérieur = bassin + fémur + tibia
extrémités de membres = carpiens/tarsiens + métapodes + phalanges

n'est repérable sur l'ensemble du site (fig. 32).

Chez les caprinés domestiques (fig. 33a), seuls les acropodes (phalanges), quelques fragments caractéristiques des os longs des membres antérieurs et, dans une moindre mesure, des membres postérieurs, et certains restes craniens (occipitaux, chevilles osseuses) ont été utiles à la discrimination entre *Ovis* et *Capra*. Pour cette raison, ces parties squelettiques sont bien représentées pour le mouton et la chèvre différenciés, alors que la plupart des ossements appartenant à certaines parties du crâne (fragments de boîte cranienne, des mandibules, ou les dents), au tronc (vertèbres et côtes) ou à la partie haute des extrémités de pattes (métapodes), qui constituent les éléments anatomiques comportant le moins de caractéristiques intra-spécifiques, apparaissent seulement dans la famille des caprinés indifférenciés. De même, l'apparente sur-représentation de la tête ainsi que la sous-représentation du tronc et, moins nettement, des membres, chez les caprinés en général, peut être représentative de la facilité ou au contraire des difficultés de détermination de ces parties : le tronc et certains fragments osseux des pattes ont ainsi été plus facilement regroupés sous l'appelation "petits ruminants", par absence de caractéristiques discriminantes avec d'autres espèces, particulièrement le chamois, le chevreuil et le bouquetin, et sont donc sous-représentés sur le graphique.

L'ensemble des caprinés considérés, nous pouvons remarquer que la tête et les extrémités des membres apparaissent selon des proportions plus élevées. Cependant, dans un squelette complet, ces parties regroupent une quantité importante d'ossements : 24 phalanges et 4 métapodes pour les extrémités de pattes, 28 dents et de nombreux fragments de crâne, élément qui ne se conserve presque jamais intégralement, pour la tête.

Ces considérations dues aux problèmes de détermination spécifique et de représentation des différents éléments anatomiques prises en compte, nous pouvons cependant admettre que, pour les caprinés, aucune partie anatomique n'est sur ou sous-représentée.

Néanmoins, plusieurs remontages anatomiques prouvent que des parties de carcasses ont été rejetées entières : une extrémité de patte postérieure gauche d'adulte comprenant un métatarse, deux phalanges 1, deux phalanges 2, deux phalanges 3 et trois sésamoïdes (fig. 13) a été découverte dans la fosse 42 ; un astragale et un calcaneum gauches d'un autre mouton adulte proviennent de la fosse 41 ; un radius et un cubitus gauches d'adulte de la fosse 32 ; et enfin un autre ensemble radius-cubitus d'adulte ou sub-adulte de la fosse 19.

Chez les bovinés, domestiques et sauvages indifférenciés, la représentation des éléments du squelette est encore plus équilibrée (fig. 33b) : les membres antérieur et postérieur sont en proportions égales, les vestiges du tronc sont moins abondants, mais leur taux de conservation est moindre, les extrémités de membres (métapodes et acropodes) sont plus abondantes, mais elles totalisent également beaucoup plus d'os sur le squelette complet. La taille et la conservation de certains éléments du crâne, des dents, des métapodes et acropodes a facilité leur attribution au bœuf, alors que les vestiges de diaphyse des stylopodes (humérus et fémur) et zeugopodes (tibia-fibula, radius-ulna), très fragmentés, n'ont pas toujours pu être différenciés.

Les suidés sont également représentés par des proportions très semblables de restes de chacune des parties anatomiques (fig. 33c). Néanmoins, le faible nombre de fragments osseux attribué à cette famille limite les interprétations relatives à cette répartition des os. De même que pour la répartition des espèces, aucune distribution anatomique particulière n'a été observée entre les différentes fosses. Il ne semble donc pas que les fosses-dépotoirs, en plus de leur fonction de réceptacle de déchets divers, aient été différenciées pour rejeter préférentiellement certaines parties choisies du corps des animaux consommés.

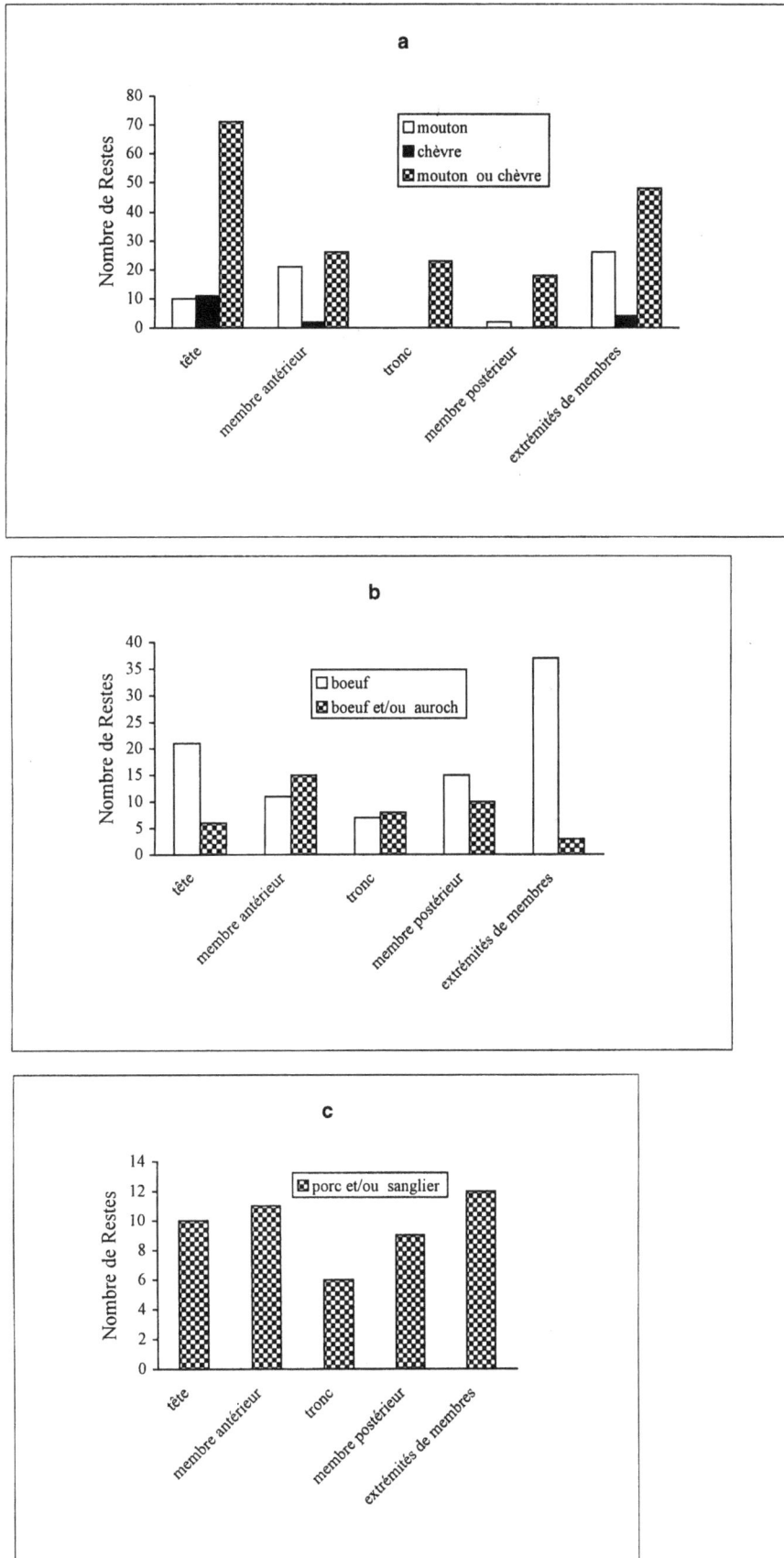

Fig. 33 : Représentation des parties anatomiques chez les caprinés (a), les bovinés (b) et les suidés (c).

4-La faune de l'habitat de Sion-Ritz dans le Néolithique du Valais

4.1-Eléments sur la gestion des réserves animales à Sion-Ritz

Les interprétations paléoéconomiques et paléoécologiques se fondent principalement, au vu de la représentation de la faune domestique et de la faune sauvage, sur les données fournies par les résidus des activité pastorales.

Sur la gestion du cheptel des différentes espèces élevées (voir également Chenal-Velarde 2000), l'importance de chacune d'entre elles et leur rentabilité, nous pouvons faire quelques remarques, sans toutefois élever les interprétations à des niveaux que la restriction de l'échantillon ne permettrait pas.

Il semble clair que la gestion du troupeau ovin et caprin était basée principalement sur l'exploitation des indvidus fournissant un maximum de viande, c'est-à-dire les adultes. L'animal très âgé reconnu par une mandibule aux dents très usées (fig. 5) a pu être un reproducteur (mâle ou femelle) abattu tardivement ou mort de maladie ou de vieillesse. Les deux éléments attribués à au moins un agneau, dont l'âge n'a pu être avancé, peuvent provenir d'un animal malade, mais l'abattage exceptionnel de jeunes individus n'est pas à exclure.

Les faibles effectifs de chèvres ne permettent pas d'extrapoler des conclusions sur les âges d'abattage de ces animaux. Seuls des individus adultes, parmi lesquels un bouc, ont été reconnus, mais des jeunes peuvent se trouver dans le groupe des caprinés indéterminés.

Les capacités de l'homme, au Néolithique moyen, à maîtriser la zootechnie de l'élevage ovin et caprin sont difficilement déterminables à Sion-Ritz. Pourtant, la présence d'ossements de deux fœtus (l'un à terme et l'autre plus jeune) témoigne de la difficulté de dominer la reproduction et d'adapter les conditions de captivité (pacage, stabulation, hivernage, apport de nourriture, etc.) aux ovins, bétail à équilibre physiologique particulièrement fragile : les nombreuses infections abortives (chlamydiose, salmonellose, brucellose, toxoplasmose, listériose, vibriose, fièvre Q, leptospirose) (Luquet *et al.* 1978) témoignent de cette sensibilité aux attaques bactériennes, voire même parasitaires. Les jeunes moutons découverts dans la fosse 22 ont peut-être été les victimes de l'une de ces affections, comme nous en discuterons dans le chapitre IV.

Les vestiges de porc étant beaucoup plus rares, nous nous contenterons de remarquer que les mêmes difficultés à gérer la santé devaient affecter l'élevage porcin, au vu de la découverte de deux éléments anatomiques appartenant à un ou deux fœtus qui n'ont pas atteint le terme de la gestation.

Les trois représentants bovins autorisent, bien qu'avec plus de réserves les effectifs étant plus faibles, à faire au moins une déduction analogue aux ovins et caprins : les restes d'un animal d'environ deux ans et de deux plus âgés manifestent une volonté d'exploiter les bovins au stade maximum de leur rendement. L'identification d'au moins un mâle témoigne peut-être de la nécessité de conserver les vaches pour la reproduction, éventuellement pour l'utilisation du lait. Par contre, aucun reste n'atteste l'abattage d'individus très jeunes.

Comparativement, la chasse pourrait être considérée comme appoint en période de récession en matières carnées, mais le spectre varié des espèces sauvages et la représentativité (en nombre de restes) presque négligeable de chacune d'entre elles montre avant tout qu'il s'agit d'une activité opportuniste. En effet, la diversité des espèces met en valeur une exploitation de toutes les niches écologiques depuis le fond de la plaine boisée (cerf, sanglier, renard ou aurochs) jusqu'aux herbages d'altitude (chamois, bouquetin) ; mais l'unique individu représentant chacune de ces espèces prouve que ces animaux n'étaient chassés qu'exceptionnellement, peut-être au cours d'expéditions. Parallèlement, nous ne pouvons pas mettre en évidence que les activités cynégétiques étaient la panacée d'un chasseur, puisque les vestiges de bêtes sauvages sur le site apparaissent dans des fosses aussi diverses que les 13 (chamois, ours), 14 (aurochs, cerf), 15 (cerf, blaireau, chamois) et 19 (bouquetin). Néanmoins, cette proposition d'une telle spécialité ne peut être complètement écartée puisqu'un partage des parties anatomiques a pu être opéré entre différentes unités de consommation.

4.2-Intégration de Sion-Ritz dans l'ensemble néolithique valaisan

L'une des caractéristiques de la faune néolithique valaisanne se traduit par une suprématie des espèces domestiques sur les espèces sauvages. Les sites répertoriés par Chaix (1976 : 266) dénotent en effet une composition faunique globale dominée par plus de 90 % (du nombre de restes déterminés par espèce) d'animaux élevés. A Saint Guérin, le déséquilibre est même total, puisqu'aucune espèce sauvage n'a été détectée. A Sion-sous-le-Scex (Chenal-Velarde et Chenevoy, à paraître), les couches correspondant au Néolithique moyen I et au Cortaillod type Saint-Léonard renfermaient 96.5 % d'animaux domestiques sur le total des restes déterminés.

En considérant la fosse 22 comme une structure particulière à traiter individuellement, le rapport faune domestique / faune sauvage de Sion-Ritz est également très déséquilibré en faveur des animaux contrôlés par l'homme : en ne prenant en compte que les restes déterminés par espèce, les proportions des domestiques atteignent 96.5 %, taux correspondant très précisément, comme nous venons de le voir, à celui des couches du Néolithique moyen de Sion-sous-le-Scex.

De même, en termes d'ordre d'importance, les proportions de chacune des espèces domestiques sont, toujours fosse 22 exclue, complètement analogues à celles des sites valaisans, où les caprinés sont très largement dominants, suivis du bœuf, du porc et du chien.

Les caprinés s'imposent particulièrement sur notre site, avec 73 % des restes attribués aux animaux domestiques, alors qu'ils occupent en moyenne 54.5 % de ce même total sur les sites étudiés par Chaix (1976 : 252) et 62 % dans le Néolithique moyen de Sion-sous-le-Scex (Chenal-Velarde et Chenevoy, à paraître). La répartition au sein de ce groupe des moutons et des chèvres est par contre moins déséquilibrée en faveur d'*Ovis aries* à Sion-Ritz (3.5 moutons pour 1 chèvre) que sur les autres stations néolithiques du Valais (en moyenne 6 moutons pour 1 chèvre).

L'écrasante majorité des caprinés sur le site que nous étudions réduit proportionnellement la part occupée par le bœuf, qui est de 25.5 % des restes d'animaux élevés, et encore davantage celle occupée par le porc : 1.1 %. Comparativement, les bovins occupaient 33.7 % et le cochon représentait tout de même 10.9 % du total des domestiques sur l'ensemble des autres sites valaisans. Le chien, beaucoup plus rare puisqu'il ne figurait que dans trois échantillons néolithiques du corpus étudié par Chaix, est complètement absent de l'assemblage faunique de Sion-Ritz par ses restes osseux, mais des traces de morsures sur les os laissent entrevoir sa présence furtive dans le village.

Les animaux sauvages sont très mal représentés sur l'ensemble des sites néolithiques valaisans : en moyenne 8.6 % sur les sites étudiés par Chaix (1976 : 251), 3.5 % à Sion-sous-le-Scex (Chenal-Velarde et Chenevoy, à paraître) et 3.5 % à Sion-Ritz. Ceci traduit la faible part occupée par les activités cynégétiques dans cette région et à cette époque. Les espèces de milieu forestier, principalement le cerf (occupant la première place sur l'ensemble des sites), le chevreuil et le sanglier, sont légèrement plus fréquentes que celles d'altitude, telles que le bouquetin ou le chamois. Cependant, à Sion-Ritz, toutes les espèces chassées sont représentées de manière égalitaire, mais en des proportions si faibles qu'elles ne peuvent pas être significatives de préférences au niveau du choix porté sur l'une ou l'autre. L'identification de restes d'aurochs à Saint-Léonard "Sur-le-Grand-Pré" et à Sion-Petit-Chasseur II confirme sa présence dans les plaines de la région, comme il a été démontré à Sion-Ritz. Aucun représentant aviaire, pourtant nombreux sur 5 des 10 sites néolithiques pris en compte (Chaix 1976 : 249, Chenal-Velarde et Chenevoy, à paraître), n'a été trouvé sur notre site. De même pour la faune ichtyologique.

En reflétant la très nette préférence de l'élevage sur la chasse, la présence de ces quelques ossements d'animaux sauvages apparaissant régulièrement sur l'ensemble des sites néolithiques valaisans, Sion-Ritz compris, montre que cette activité était néanmoins pratiquée aussi bien en plaine qu'en montagne et que ce type d'approvisionnement n'était pas complètement négligé.

Ces quelques comparaisons effectuées avec les dix sites néolithiques valaisans étudiés montrent qu'il n'y a pas de divergence entre la composition faunistique de ceux-ci et celle de Sion-Ritz. Cette occupation du Néolithique moyen vient en effet confirmer les choix, que l'on peut considérer comme culturels, donnant une priorité très nette à l'élevage par rapport à la chasse, cette dernière étant anecdotique, même si elle a été pratiquée à plusieurs étages alpins.

5-Synthèse

En dépit de la destruction des sols d'occupation liés aux structures creuses et de la forte érosion de certaines d'entre elles, l'étude archéozoologique du matériel osseux découvert à Sion-Ritz a donné des résultats significatifs sur l'exploitation de la faune au Néolithique moyen dans un village du Valais central.

Toutes les structures recelant des vestiges animaux se sont révélées, à l'exception d'une fosse particulière (fosse 22), être soit des dépôts de déchets de boucherie (fosses-dépotoirs), soit des excavations à fonction autre (trous de poteaux ou foyers en cuvette) ayant retenu accidentellement quelques ossements dans leur remplissage.

Leur étude montre que l'exploitation de la faune sur le site était presqu'exclusivement tournée vers les espèces domestiques, principalement mouton et chèvre, le bœuf étant néanmoins relativement bien représenté et le porc quasi insignifiant. Bien que la gamme d'espèces sauvages soit plus large que celle des domestiques, les infimes proportions d'animaux chassés identifiés apportent deux types d'informations : d'une part les activités cynégétiques avaient un rôle superficiel dans l'économie du groupe humain tout en étant, d'autre part, les signes de l'exploitation de milieux aussi divers que la plaine rhodanienne, la forêt ou les herbage alpins d'altitude. Ces constatations vont dans le sens des observations faites auparavant sur d'autres sites néolithiques valaisans (Chaix 1976 ; Chenal-Velarde et Chenevoy, à paraître).

Malgré l'importante fragmentation due aux techniques de boucherie, l'intérêt du matériel de Sion-Ritz réside également dans la possibilité de description morpho-métrique des moutons : ceux-ci se sont révélés être des animaux petits et très graciles, portant des cornes légèrement recourbées, bien que certains individus, des béliers, puissent être de taille nettement plus importante. La description des spécimens découverts dans la fosse 22, détaillée dans le chapitre les concernant, apporte plus de précisions sur le troupeau ovin.

Nous pouvons conclure cette étude en reconnaissant que l'élevage occupait une place primordiale dans la vie économique du village de Sion-Ritz, et permettait probablement d'utiliser différents milieux écologiques : les bœufs pouvaient occuper la plaine inondable du Rhône, les caprinés des pâturages plus élevés en altitude voire des zones déforestées, alors que les porcs, nettement moins nombreux, pouvaient profiter des couverts forestier ou être nourris dans le village par des apports (détritus domestiques) de l'homme.

IV - LA FOSSE 22 : UN CONTENU TRÈS PARTICULIER

1-Caractéristiques de la fosse

La structure 22 se situe dans la zone centrale du secteur fouillé (fig. 1). Elle a malheureusement été fortement érodée par les activités torrentielles et, au moment de sa fouille, il pouvait manquer jusqu'à un mètre de sa hauteur initiale (Baudais, comm. pers.). A sa découverte, elle était circulaire et mesurait en surface 2 m de diamètre (fig. 34).

Fig. 34 : La fosse 22 au premier décapage (cliché D. Baudais).

La pauvreté des artefacts découverts dans le sédiment de remplissage, plus précisément un hameçon en os, deux pointes de flèches (en cristal de roche et en silex) et un éclat de cristal de roche (Baudais, comm. pers.), ne facilite pas l'attribution culturelle de la fosse. L'intérêt et la particularité du contenu de la structure réside plutôt dans sa composition faunique, relativement exceptionnelle par sa conservation et sa spécificité.

Les limites imposées par la restriction du temps lors des fouilles de sauvetage ont malheureusement restreint la compréhension de ce dépôt sur le terrain, car l'observation des connexions anatomiques s'est limitée aux éléments visiblement et directement positionnés anatomiquement (voir chap. I : introduction). La fouille n'a pas porté sur la recherche de l'intégrité des individus présents, les trois décapages artificiels (fig. 35 à 37) en étant l'illustration, mais sur la récolte du matériel en fonction du temps disponible. Cette situation a entraîné un déficit d'information, particulièrement en relation avec la reconstitution des individus (quelques ossements, représentés en blanc sur les figures 35 à 37, n'ont pu être attribués a aucun d'entre eux). De plus, nous soupçonnons que le prélèvement de quelques pièces osseuses de petite taille telles que les os des extrémités de pattes ou les petits fragments de crâne n'a pas été systématiquement effectué, entre autres en raison de l'absence de tamisage. Le défaut de prélèvement d'échantillons de sédiment peut également en être la cause, tout comme celle de l'absence d'étude anthracologique, cette dernière ayant pu apporter des éléments supplémentaires à l'interprétation du dépôt.

Malgré les mauvaises conditions de fouilles, le relevé photographique des trois décapages artificiels a permis, *a posteriori*, de proposer des relevés graphiques (fig. 35, 36, 37) ou chaque os, numéroté, est reporté. Ce travail s'est révélé très important pour la reconstitution des ensembles osseux lors de l'étude archéozoologique. Par la suite, l'association des ossements dans le but de remonter les différents individus[4] a été opérée en fonction de ces documents et de l'analyse des os (âge, taille...).

2-Contenu de la fosse et éléments de méthodologie appliquée

2.1-Description sommaire du contenu

Comparativement aux ossements découverts dans les autres structures, ceux de la fosse 22 sont particulièrement peu fragmentés (fig. 25 et 45). Ceci explique la forte proportion de restes déterminés (97.4 %) par rapport aux autres fosses (voir chap. II).

Sur la totalité des ossements récoltés lors de la fouille de sauvetage de cette structure, 1460 ont été identifiés par espèce ou famille (fig. 45). En dehors d'une mandibule droite de renard (*Vulpes vulpes*), peut-être prise dans le sédiment de comblement de la fosse, tous ont été identifiés comme ayant appartenu à des caprinés. Principalement du fait de leur âge, la majorité d'entre eux n'a pu être déterminée spécifiquement. Néanmoins, il est important de noter que si certains de ces restes ont pu être attribués au mouton (*Ovis aries*), aucune chèvre (*Capra hircus*) n'a par contre été reconnue.

	Ovis aries	caprinés	indéterminés	**total**
Nombre de restes	80	1379	39	**1498**

Fig. 45 : Identification des restes osseux de la fosse 22.

2.2-Méthodologie appliquée

Il nous faut préciser ici que, si la majorité des restes osseux pris individuellement n'a pu être attribuée spécifiquement (mouton ou chèvre), les individus suffisamment âgés l'ont par contre été plus systématiquement grâce à l'identification précise d'un seul ou de

---

[4] Les couleurs correspondant à chacun des individus ont été attribuées au moment de la reconstitution des squelettes, au cours de l'étude archéozoologique.

plusieurs os permettant de préciser l'espèce pour l'ensemble du squelette. Des études comparatives telles que celles de Boessneck, Müller, Teichert (1964), Payne (1985), Hatting (1995) et Fernandez (2001) nous ont été très utiles.

Parfois relativement complets lorsqu'ils occupent une position centrale dans la fosse, la majorité des individus sont pourtant presque toujours amputés d'une partie importante de leur squelette. D'autre part, des membres, troncs et têtes, ou encore os isolés d'un même animal ont pu être séparés, au moment de l'établissement des relevés de terrain, par la nécessité de décomposer la fouille de la structure en trois décapages artificiels (fig. 35, 36, 37). De ce fait, des squelettes tels que celui de l'individu 1, ont du être reconstitués *a posteriori*. Les individus ont pu être différenciés les uns des autres et leur squelette recomposé grâce à la position des os dans la fosse et par l'estimation de l'âge sur l'ensemble des restes osseux. Ceux dont les parties anatomiques présentes peuvent être complémentaires et les âges correspondre ont fait l'objet de tentatives d'association. Dans certains cas, aucune connexion n'a pu être établie, et les segments de corps, gisant dans des positions opposées, ne pouvaient de ce fait pas être réunis (voir 5.2).

Il en résulte un dénombrement d'un minimum de quinze individus présents dans la fosse 22, sachant que la structure a probablement été fortement érodée.

L'évaluation de l'âge des caprinés, particulièrement importante dans ce contexte puisqu'elle apporte des éléments d'interprétation, a nécessité l'appui de plusieurs études spécialisées (Duerst 1926, cité par Habermehl 1975, Barone 1976). Les âges relatifs donnés par les stades d'usure établis par Grant (1982) n'ont pas été utilisés ici, car seule une mandibule permettait cette approche (individu 2, fig. 39). Les auteurs proposant des âges d'épiphysation ou d'éruption dentaire très variables (suivant les races étudiées et les méthodes utilisées), il peut paraître osé d'attribuer des âges absolus et de tenter d'évaluer la saison correspondant à la mort de chacun des individus. Toutefois, en utilisant la même référence pour plusieurs individus (Duerst 1926[5], cité par Habermehl 1975, ou Barone 1976[6]), il est possible d'estimer des âges relativement précis et surtout comparables entre eux.

De manière générale, les ossements représentent des individus petits et très graciles. Ils sont tous très jeunes ou sub-adultes, les âges variant entre environ un mois et trois ans-trois ans et demi (fig. 51). Les animaux très jeunes, entre 1 et 3 mois, sont fortement représentés, puisqu'ils totalisent six individus. Cette moyenne d'âge peu élevée (en comprenant également ceux dont l'âge a été estimé entre 1 et 3 ans) a dans la plupart des cas empêché toute attribution spécifique et sexuelle, et n'a permis l'estimation de la taille au garrot que dans peu de cas. Malgré ces désagréments, neuf squelettes de mouton (*Ovis aries*) ont été reconnus parmi les quinze caprinés domestiques, dont deux brebis identifiées de manière certaine, plus une femelle et un mâle probables.

---

[5] Cet auteur a réalisé une étude sur une race ovine primitive.
[6] Particulièrement pour l'âge d'épiphysation des disques vertébraux.

3-Description des individus en présence

Les squelettes reconstitués des quinze individus identifiés sont reproduits dans les figures 38 à 44.

Individu 1

Ce squelette est l'un des plus complets de la fosse 22, probablement grâce à sa position centrale dans le fond de la structure. Il est représenté par 89 restes, composants de la plus grande partie des membres antérieurs et postérieurs, ainsi que du tronc. La tête est malheureusement absente. Elle pourrait être représentée par un fragment de crâne, dont la position n'a malheureusement pas été relevée au moment du prélèvement, et qu'il nous est donc impossible de rattacher définitivement au squelette post-cranien.

Une analyse minutieuse de certains des ossements permet de spécifier qu'il s'agit d'un mouton (*Ovis aries*) et des observations sur le bassin précisent le sexe : une brebis. D'après les stades d'épiphysation des os longs (Duerst 1926, cité par Habermehl 1975), son âge peut être estimé à environ 3 ans.

La longueur du tibia gauche (192.8 mm)[7], multipliée par l'indice de Teichert (1975), donne une hauteur au garrot de 58 cm. Cette taille entre parfaitement dans la marge de variation de celle des moutons du Néolithique moyen du Valais (53-73 cm) apportée par Chaix (1977 : 73), même si elle est un peu inférieure à la moyenne (62 cm)[8]. Par contre, elle est légèrement supérieure à celle des brebis Soay décrites par Méniel et Arbogast (1991 : 217), qui ont une hauteur au garrot variant, dans leurs troisième et quatrième année, entre 46 et 56 cm. La longueur des os longs mesurables (fémur, tibia, métatarse) est d'ailleurs sensiblement supérieure à la moyenne des valeurs obtenues par Clutton-Brock *et al.* (1990) sur huit femelles Soay, bien qu'elles entrent parfaitement dans l'écart donné par les minimum et maximum (voir annexe métrique). Le calcul de l'indice de gracilité (Ig=DTdia/Lt x 100) donne des résultats très inférieurs à ceux obtenus par Méniel et Arbogast (1991 : 216) sur des béliers Soay : sur notre individu il est de 7.7 pour le fémur (Soay : 9.6) et de 5.9 pour le tibia (Soay : 7.6). Ceci est en outre confirmé par la comparaison des diamètres transverses des diaphyses du fémur, du tibia et du métatarse avec les brebis Soay étudiées par Clutton-Brock *et al.* (1990).

Individu 2

Contrairement au premier, cet individu n'est présent que par sa tête et une partie de sa colonne vertébrale, au total 48 restes. Il se trouvait sur le bord nord-ouest de la fosse, presque en superficie, l'érosion expliquant probablement l'absence du reste du corps.

Les lignes de suture des pariétaux indiquent clairement que cet individu est un mouton. Par contre, aucun indice ne nous renseigne sur son sexe : la présence de la base des deux chevilles osseuses ne parle pas forcément en faveur d'un bélier.

---

[7] Pour le détail de toutes les mesures des individus adultes ou sub-adultes, se référer à l'annexe métrique.

[8] Rappelons qu'il s'agit d'une femelle.

D'après les stades d'éruption dentaire décrits par Habermehl (1975), l'âge de cet animal peut être estimé à environ 2 ans : la quatrième déciduale supérieure gauche (non positionnée sur le plan mais s'imbriquant exactement sur la P4) est sur le point de tomber pour laisser sortir la quatrième prémolaire.

La comparaison entre l'atlas de cet individu avec celui de l'individu 1 donne des résultats semblables (fig. 46 et 49). Il est donc permis de penser que ces deux moutons affichaient des proportions similaires, bien qu'il reste difficile d'affirmer que leur hauteur au garrot ait été la même.

Individu 3

Relativement bien conservé, cet individu est représenté par un total de 96 vestiges osseux. Le tronc, quasiment complet, comprend toute la colonne vertébrale de l'atlas jusqu'à la dernière vertèbre sacrale, le bassin, une rangée de côtes gauches matérialisant la cage thoracique. Les membres ne sont représentés que par le fémur, un fragment de tibia et la rotule droits, ainsi qu'une première phalange. D'après leur position et une estimation de l'âge, semblable à celle du squelette post-crânien, des fragments de crâne, une demi-mandibule gauche, des molaires inférieures droites et un fragment d'os hyoïde ont été attribués à cet individu.

Selon les éléments disponibles (acetabulum du bassin soudé et troisième molaire encore absente alors que la deuxième est complètement sortie), cet animal avait probablement à peine un an au moment de sa mort. La présence du bassin complet renseigne sur l'espèce (*Ovis aries*), mais son jeune âge n'autorise pas à déterminer son sexe.

Individu 4

Il s'agit de l'individu le plus complet récolté dans la fosse 22 (fig. 47). Le crâne et les deux demi-mandibules, bien que très fragmentés, sont presque entiers, tout comme le tronc et les quatre membres, mais aucune extrémité de ces derniers (métapodes et phalanges) ne sont présentes. Ce squelette totalise 132 restes osseux.

D'après l'inclinaison de la suture postérieure du frontal gauche, il s'agit d'un mouton. Il figure parmi les plus jeunes animaux répertoriés dans cette fosse (fig. 46), ce qui rend impossible la détermination du sexe. En fonction des éruptions dentaires (Habermehl 1975) et de la fusion entre les lames et les corps vertébraux (1976), son âge peut être évaluer à environ deux mois. L'apparition de deux petites excroissances sur les frontaux indique l'initialisation de la croissance des cornes.

Individu 5

Très incomplet, le squelette de cet individu ne rassemble que 30 restes, représentatifs d'une partie de la moitié postérieure de l'animal : le bassin, le membre postérieur gauche (fémur, tibia, rotule et astragale), le sacrum, les vertèbres lombaires et une vertèbre thoracique.

D'après l'épiphysation des os longs (Habermehl 1975) et la fusion des centres acétabulaires du bassin (Barone 1976), l'âge peut être évalué à environ un an.

L'examen des os longs et du bassin confirme son appartenance à l'espèce *Ovis aries*. Ce dernier élément anatomique permet également de préciser qu'il s'agit d'une brebis, bien que des réserves doivent être émises à cause de son âge. Cependant, la comparaison de la morphologie de la zone pubienne entre cet individu et les numéros 1 ou 8 corrobore ces deux attributions sexuelles.

Calculée à partir de la longueur totale du tibia (178.8 mm), la hauteur au garrot de cette brebis, d'après l'indice de Teichert (1975), est de 54 cm. Cette valeur est inférieure à celle obtenue pour la brebis numéro 1, mais il faut retenir que cette dernière est d'environ deux ans plus âgée et qu'entre une année et trois ans l'animal peut encore grandir nettement. Par contre, il est intéressant de remarquer que l'indice de gracilité calculé sur le tibia est de 5.9 et celui calculé sur le fémur de 7.7, c'est-à-dire exactement égaux à ceux de la brebis 1, et donc inférieurs aux béliers Soay (7.6 et 9.6 ; Méniel et Arbogast 1991 : 216). Les mesures individuelles (voir annexe métrique) des os longs (fémur et tibia) sont inférieures à celles des Soay indiquées par Clutton-Brock *et al.* (1990).

Individu 6

Presque aussi complet que l'individu 4, le numéro 6 est présent par 104 fragments représentant une partie du crâne et quelques dents, plusieurs vertèbres, le bassin et les quatre membres quasiment entiers (sauf extrémités).

Le crâne est particulièrement représenté par l'occipital, dont la suture supérieure (avec le pariétal) est caractéristiquement de forme *Ovis*. Malheureusement, son immaturité ne permet pas de préciser son appartenance sexuelle. En effet, l'observation de ses dents déciduales autorise à affirmer qu'il avait entre 1 et 2 mois au moment de sa mort.

Tout comme le 4, cet agneau présente sur les frontaux une petite excroissance significative de la formation des cornes.

Individu 7

 Sa position sur le bord sud de la fosse a certainement été la cause, suite à la destruction du sommet de la structure par érosion, de la disparition de la plus grande partie de ce squelette. Ce dernier n'est en effet représenté que par 22 restes, qui sont les vestiges de la cage thoracique (vertèbres thoraciques et côtes) et d'une partie du cou (vertèbres cervicales).

La pauvreté de ces vestiges d'une part et les parties représentées, qui ne portent pas de caactéristiques de discrimination inter-spécifique (entre *Ovis* et *Capra*), d'autre part, s'opposent à une détermination précise de l'espèce, du sexe ou de l'âge. Cependant, par comparaison des vertèbres avec les autres individus présents dans la fosse, il est raisonnable de penser que ce capriné avait au moins 2 ans.

Individu 8

Cet individu se situait légèrement à l'est du précédent, sur le bord sud-est de la fosse, d'où la destruction d'une grande partie de son squelette. Seulement 26 restes, qui constituent partiellement la moitié postérieure du corps (fig. 48), le représentent : le bassin, des vertèbres sacrales et lombaires et le membre postérieur gauche incluant le fémur, le tibia, la rotule et le métatarse.

L'examen du fémur et plus particulièrement du bassin attestent qu'il s'agit d'une brebis. Le stade d'épiphysation du fémur permet d'évaluer son âge entre trois ans et trois ans et demi. La longueur totale du même os (157.5 mm) donne une hauteur de 55.6 cm au garrot (d'après l'indice de Teichert 1975), ce qui en fait un animal un peu plus petit que l'individu 1 ; néanmoins, des réserves peuvent être évoquées quant à une comparaison précise puisque cette taille n'a pas été calculée sur le même os, ce qui peut induire une petite différence. Par contre, l'indice de gracilité reste toujours le même, puisqu'il est de 7.8 pour cette femelle.

Individu 9

122 restes osseux sont les vestiges de cet individu. Le squelette est presque totalement représenté, en dehors des membres postérieurs : fragments de crâne et de mandibules, dents déciduales, éléments de colonne vertébrale et côtes, membres antérieurs dont le droit comprend même le métacarpien, deux premières et deux deuxièmes phalanges. Ce bon état de conservation est probablement dû au fait qu'il se trouvait sous une grosse dalle (fig. 34 et 35), ce qui expliquerait également que les membres postérieurs, qui eux n'étaient pas protégés et plus sur le bord de la fosse, ont disparu.

L'examen de la totalité du squelette conservé montre qu'il s'agit certainement de l'individu le plus jeune de tous ceux prélevés dans la fosse 22. Relativement à la taille de ses ossements, il est moins âgé que les individus 4 et 6. Un métacarpe, dont les extrémités de diaphyse distale et proximale des deux doigts ne sont pas soudées entre elles, indique qu'il ne s'agit pas d'un animal mort-né, mais qu'il n'avait sans doute pas plus de quatre semaines à son décès.

Les lignes de sutures entre les frontaux et le pariétal sont typiques du mouton. Mais, en raison de son âge, aucune précision de plus ne peut être avancée.

Individu 10

Avec 48 restes, ce squelette n'est présent que partiellement : moitié caudale de la colonne vertébrale, bassin, membre postérieur droit presque complet, fémur gauche et partie supérieure du membre antérieur droit.

Aucun élément anatomique n'autorise à spécifier son appartenance à *Ovis* ou *Capra*. Les vertèbres, dont les lames sont en voie d'épiphysation avec les corps, peuvent indiquer un âge approximatif de 3 mois (d'après Barone 1976). Les observations sur le bassin pourraient indiquer que cet animal était un mâle, mais son jeune âge ne permet pas de l'affirmer.

Individu 11

Très mal conservé, cet individu n'est représenté que par quelques vertèbres et côtes, au total 40 restes.

Aucun élément morphologique ou métrique ne permet de l'attribuer à *Ovis aries* ou *Capra hircus*, ni de donner son sexe. Par comparaison avec les autres individus de la fosse dont l'âge a été déterminé, nous pouvons penser que celui-ci avait environ trois ans au moment de sa mort.

Individu 12

En partie situé sous la dalle qui protégeait également l'individu 9, le 12 est par contre nettement moins complet, puisqu'il ne comprend, en plus d'un crâne très fragmenté accompagné de quelques dents jugales supérieures, que des vertèbres cervicales et thoraciques. Ces ossements sont au nombre de 55.

Aucun des nombreux fragments de crâne de cet individu ne permet malheureusement de déterminer ce capriné domestique. Son sexe n'a pas non plus pu être défini. Quant à son âge, il peut être évalué à environ un an d'après les éruptions dentaires (Habermehl 1975).

Individu 13

Cet individu est relativement mal conservé. Il n'apparaît, sur les bords sud et sud-ouest de la fosse, que par le bassin, une partie du membre postérieur droit (fémur, tibia et rotule), deux vertèbres lombaires et une vertèbre sacrale. Le membre antérieur gauche (omoplate, radius, ulna et humérus) se situant au centre de la structure lui est également attribué du fait de sa position, de la correspondance de son âge et parce qu'il ne peut appartenir à aucun autre des squelettes présents dans cette zone. Au total, 29 restes le composent.

Les épiphyses distale de l'humérus et proximale du radius n'étant pas soudées à leur diaphyse respective (Duerst 1926, repris par Habermehl 1975), et les lames vertébrales lombaires et sacrale n'étant pas fusionnées aux corps vertébraux (Barone 1976), cet individu avait moins de trois mois au moment de sa mort. La zone pubienne du bassin pourrait être caractéristique d'un mâle, mais son manque de maturité ne permet pas de le confirmer, pas plus que son appartenance spécifique (mouton ou chèvre).

Individu 14

Placé sous les numéros 3 et 6, ce squelette est pourtant très réduit, puisqu'il n'est représenté que par 30 restes d'un membre antérieur et d'un membre postérieur droits.

D'après les stades d'épiphysation des os longs et des comparaisons avec le numéro 10, cet individu avait probablement environ trois mois. Son jeune âge et l'absence d'éléments morphologiques discriminants n'autorisent pas une détermination de l'espèce précise et du sexe de l'animal.

Individu 15

Composé des deux membres antérieurs (avec carpiens, mais sans phalanges), d'une partie du membre postérieur droit (tarsiens, pas de phalanges), ainsi que d'une mandibule droite lui étant certainement attribuable, cet individu totalise 33 restes osseux.

Les caractéristiques morphologiques et métriques observables sur le calcaneum, l'astragale, les omoplates et les humérus montrent toutes que cet individu était un mouton. En fonction de l'épiphysation des os longs, il est possible d'évaluer son âge (d'après Duerst 1926, repris par Habermehl 1975) entre deux ans et trois ans et demi. Malheureusement, aucun indice ne permet de sexer ce squelette.

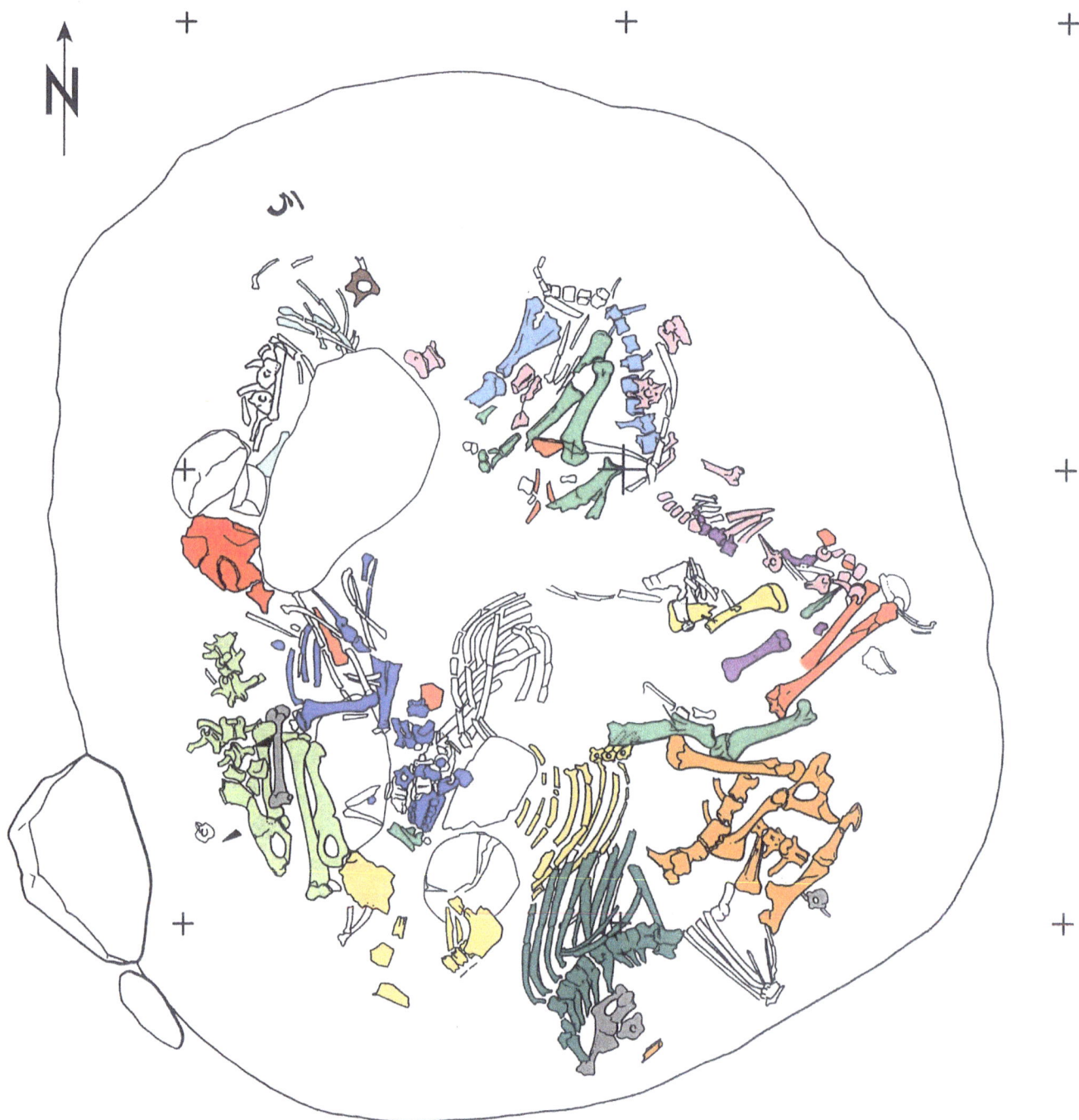

Fig. 35 : Plan de la fosse 22 au premier décapage (relevé : D. Baudais ; numérisation et couleur : F. Marteau).

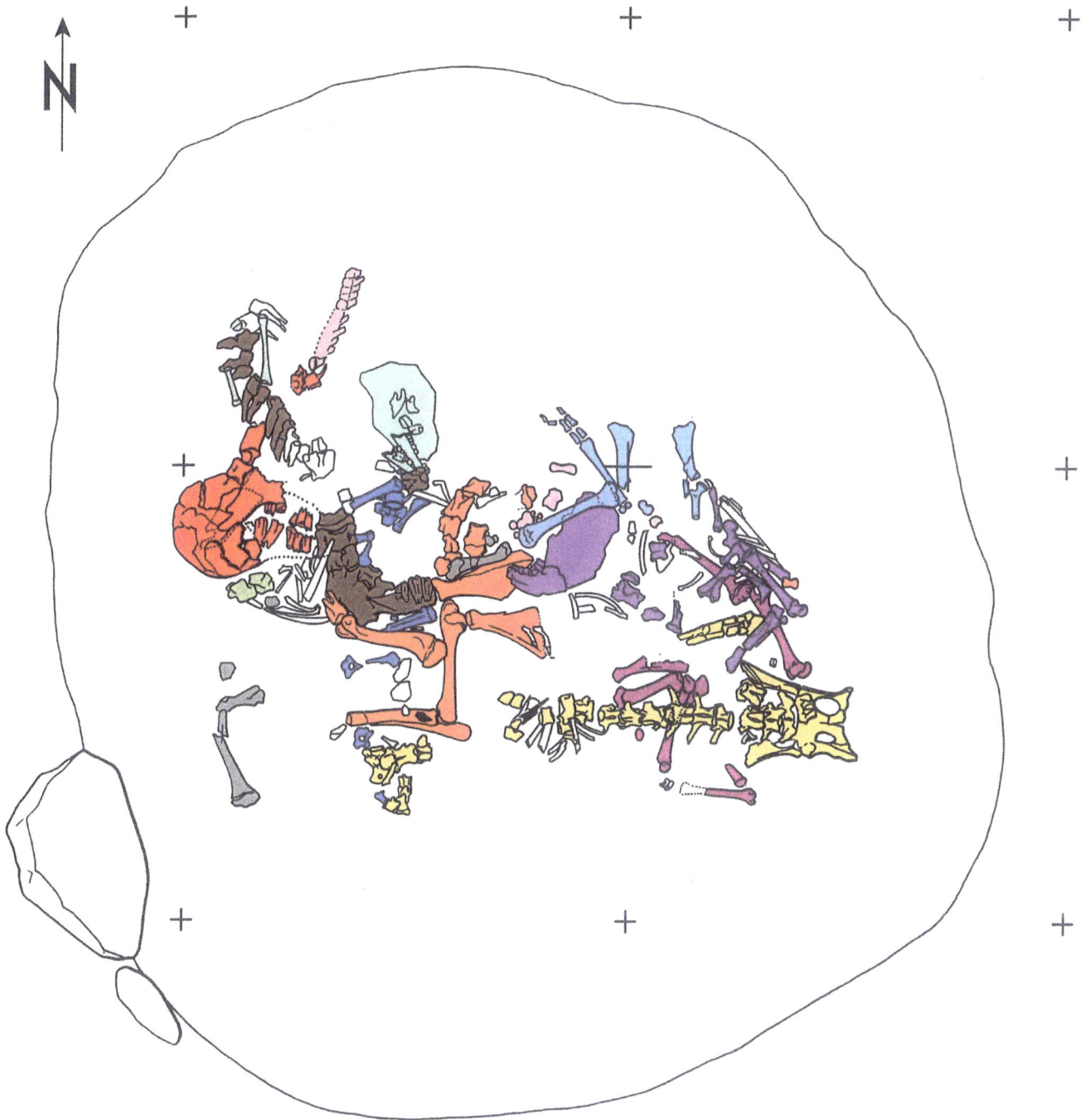

Fig. 36 : Plan de la fosse 22 au deuxième décapage (relevé : D. Baudais ; numérisation et couleur : F. Marteau).

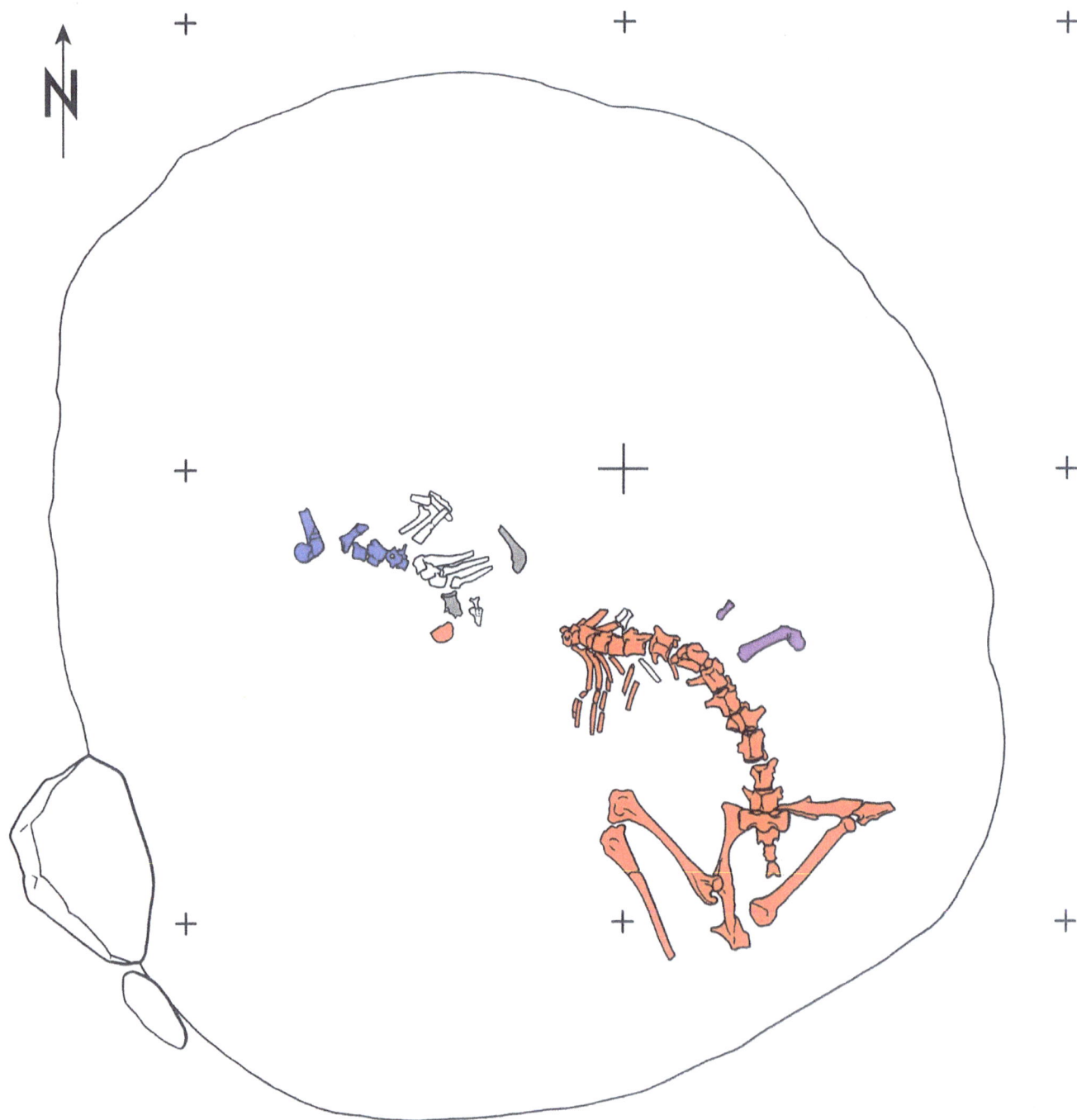

Fig. 37 : Plan de la fosse 22 au troisième décapage (relevé : D. Baudais ; numérisation et couleur : F. Marteau).

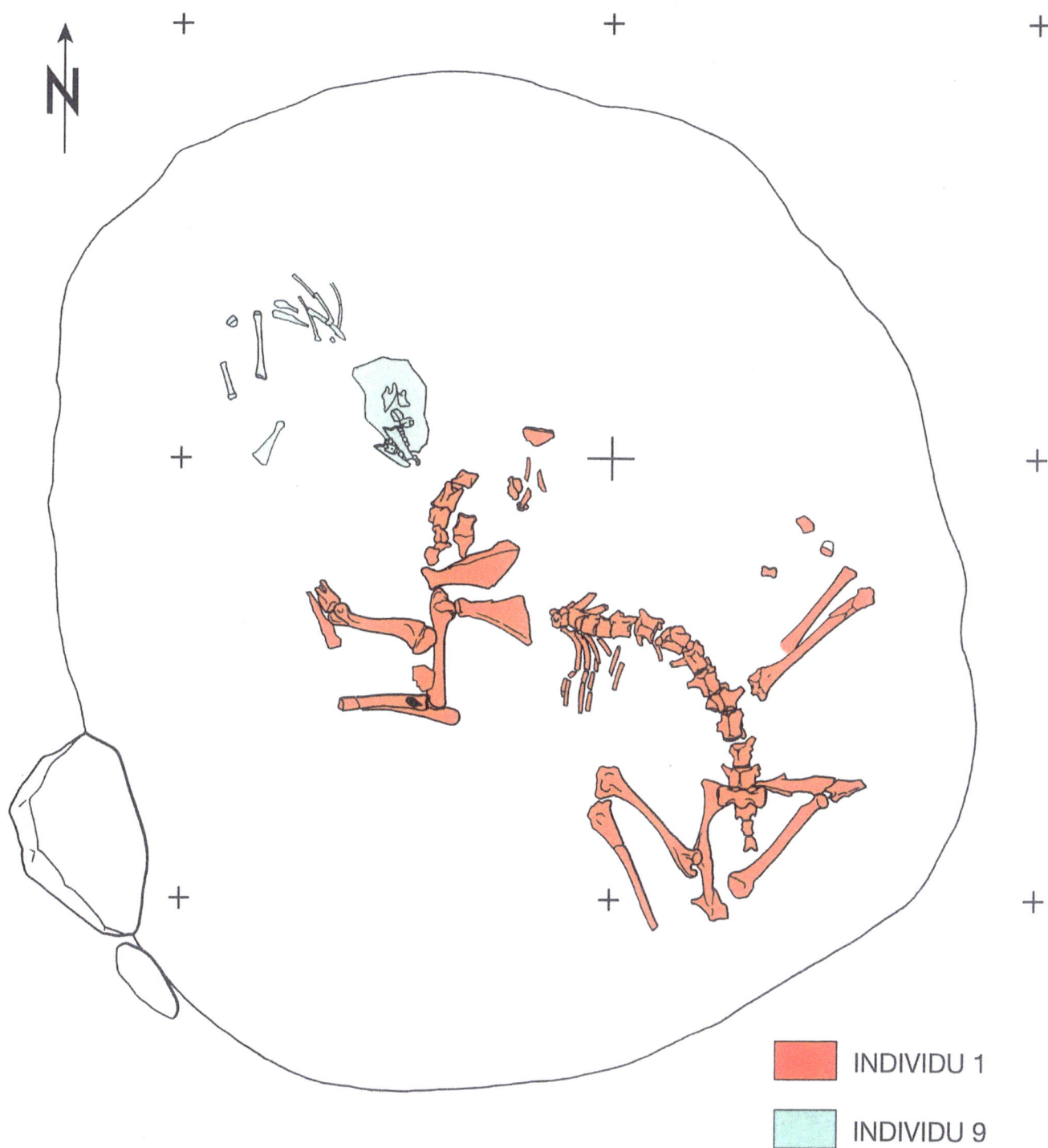

INDIVIDU 1

INDIVIDU 9

Fig. 38 : Fosse 22 : regroupement des vestiges des individus 1 et 9.

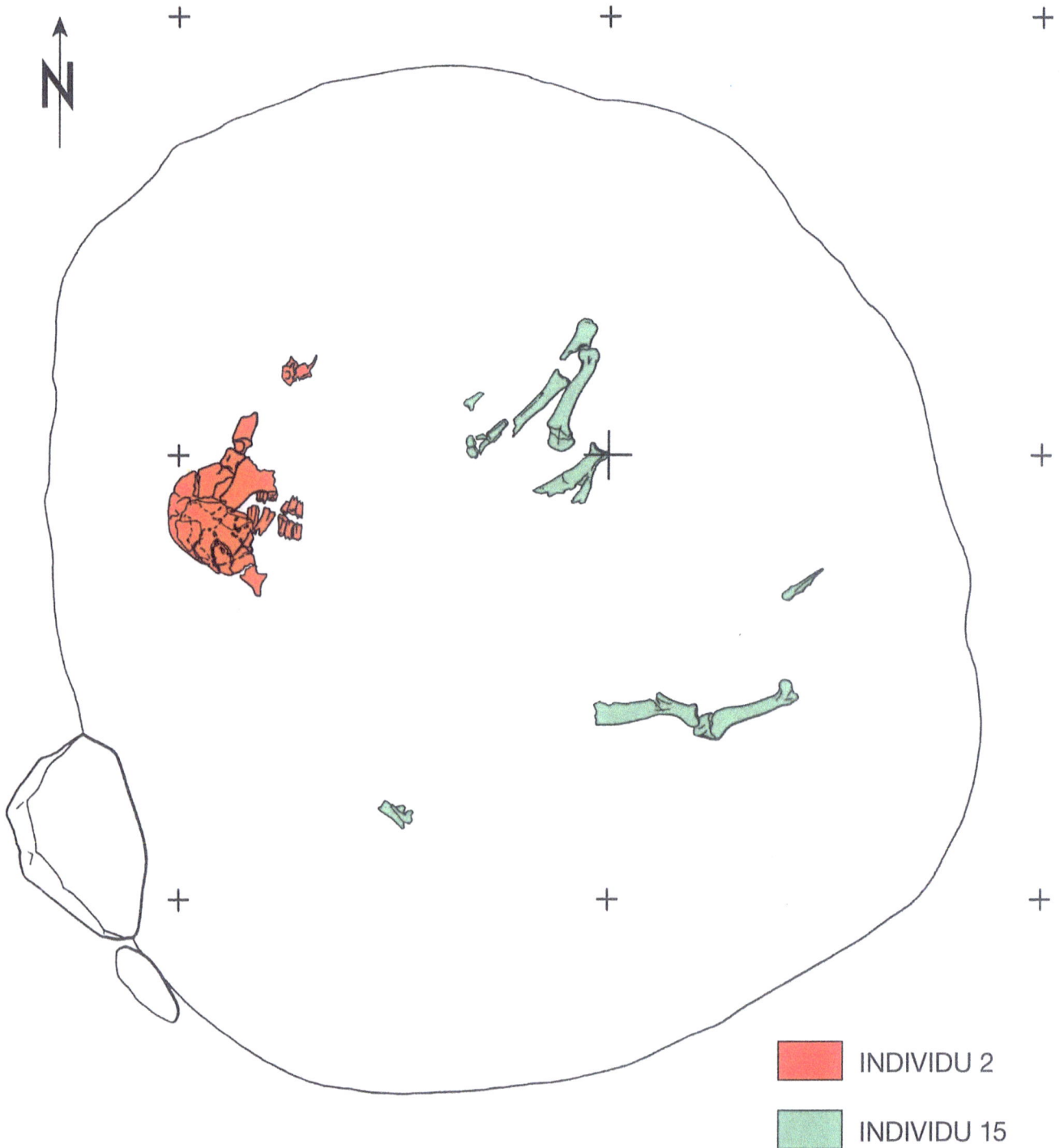

Fig. 39 : Fosse 22 : regroupement des vestiges des individus 2 et 15.

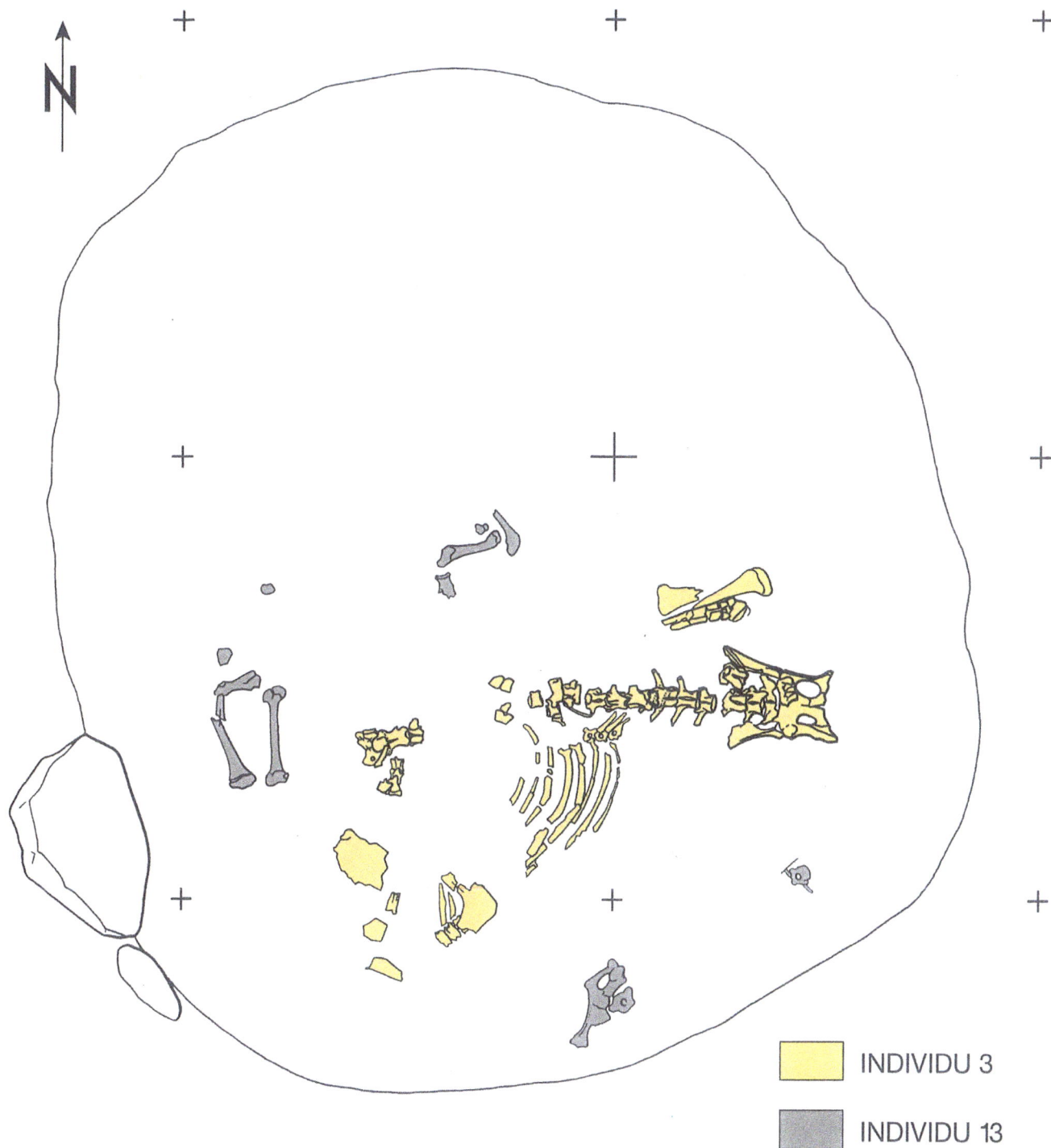

Fig. 40 : Fosse 22 : regroupement des vestiges des individus 3 et 13.

INDIVIDU 3

INDIVIDU 13

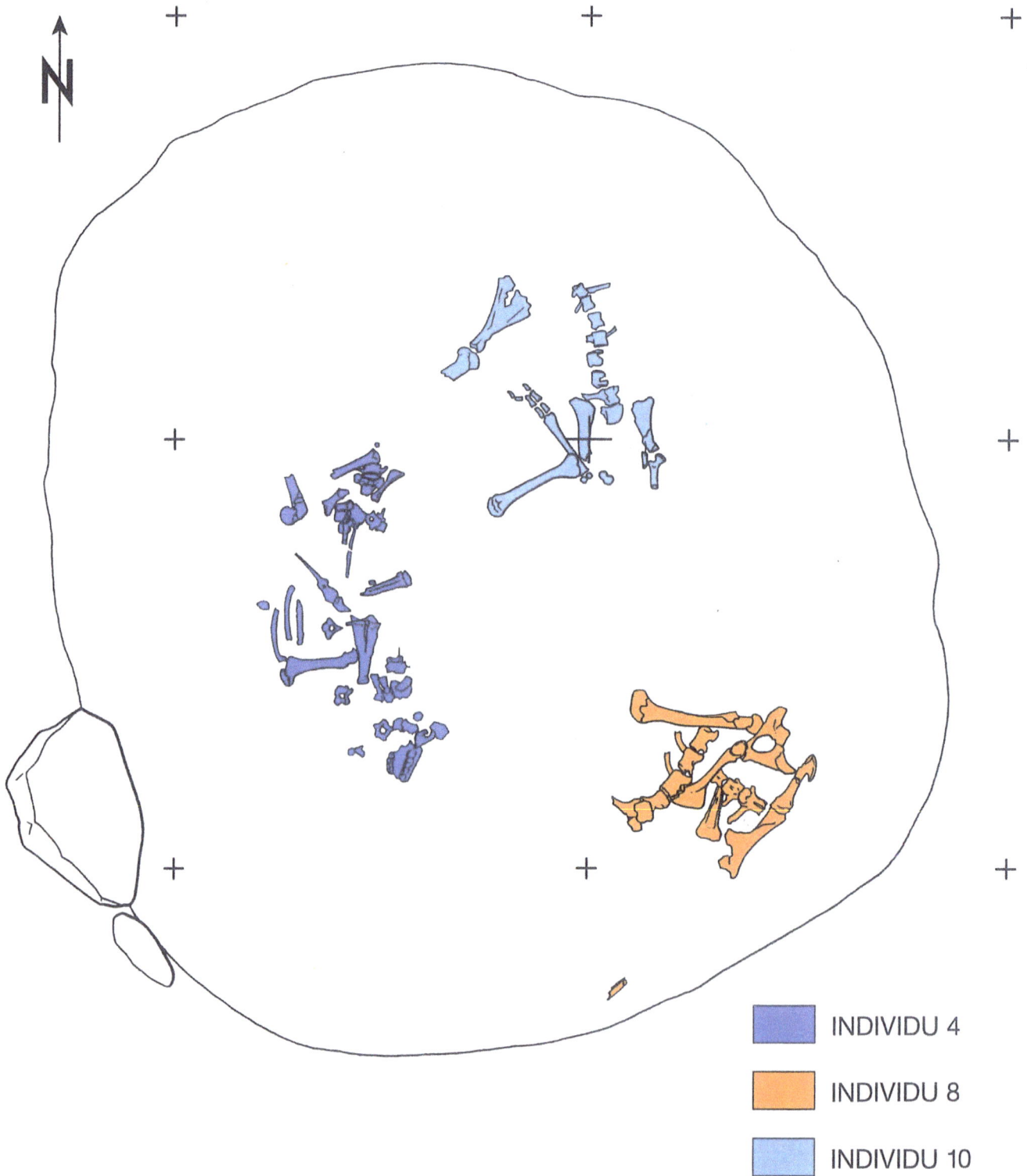

Fig. 41 : Fosse 22 : regroupement des vestiges des individus 4, 8 et 10.

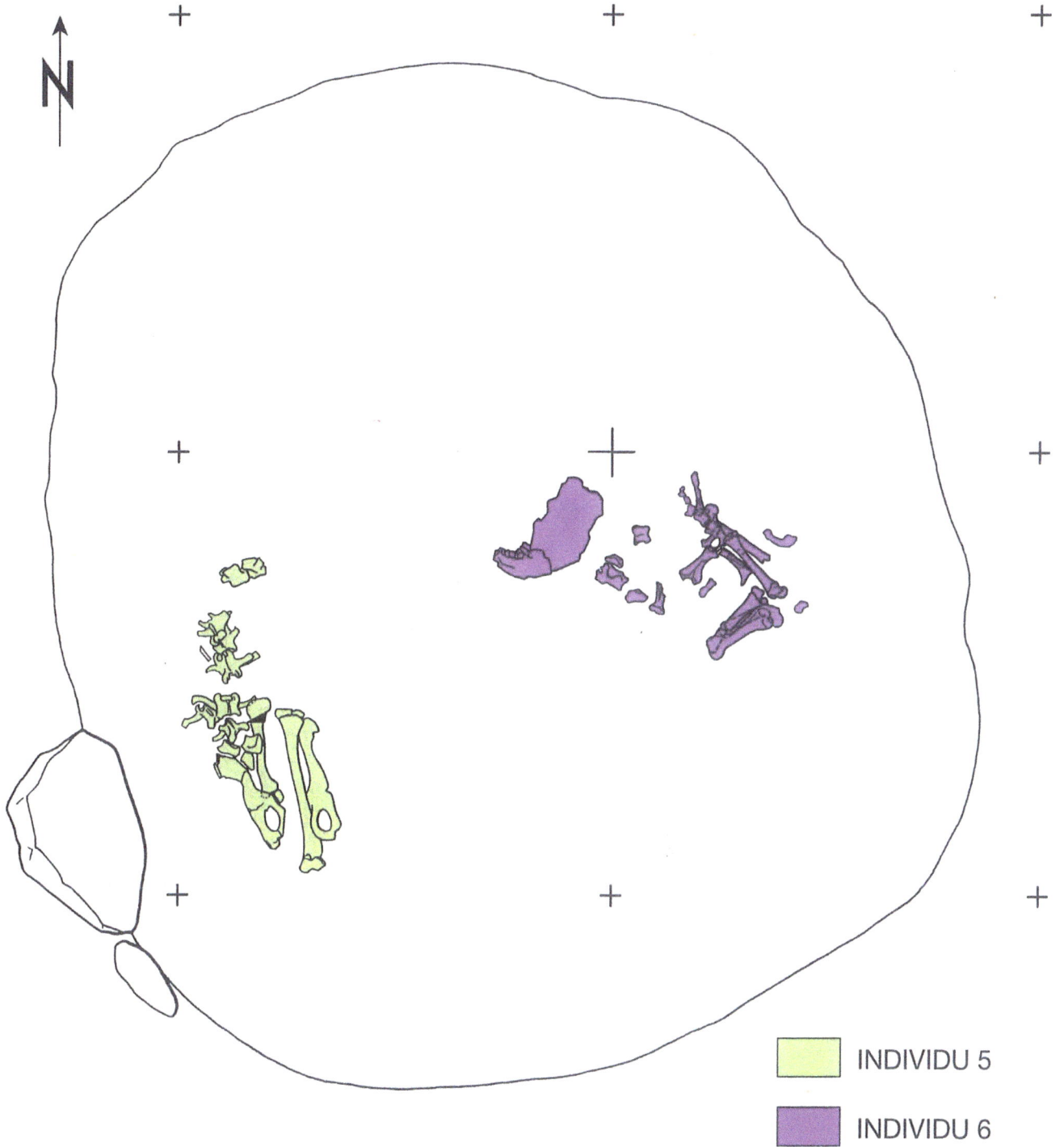

Fig. 42 : Fosse 22 : regroupement des vestiges des individus 5 et 6.

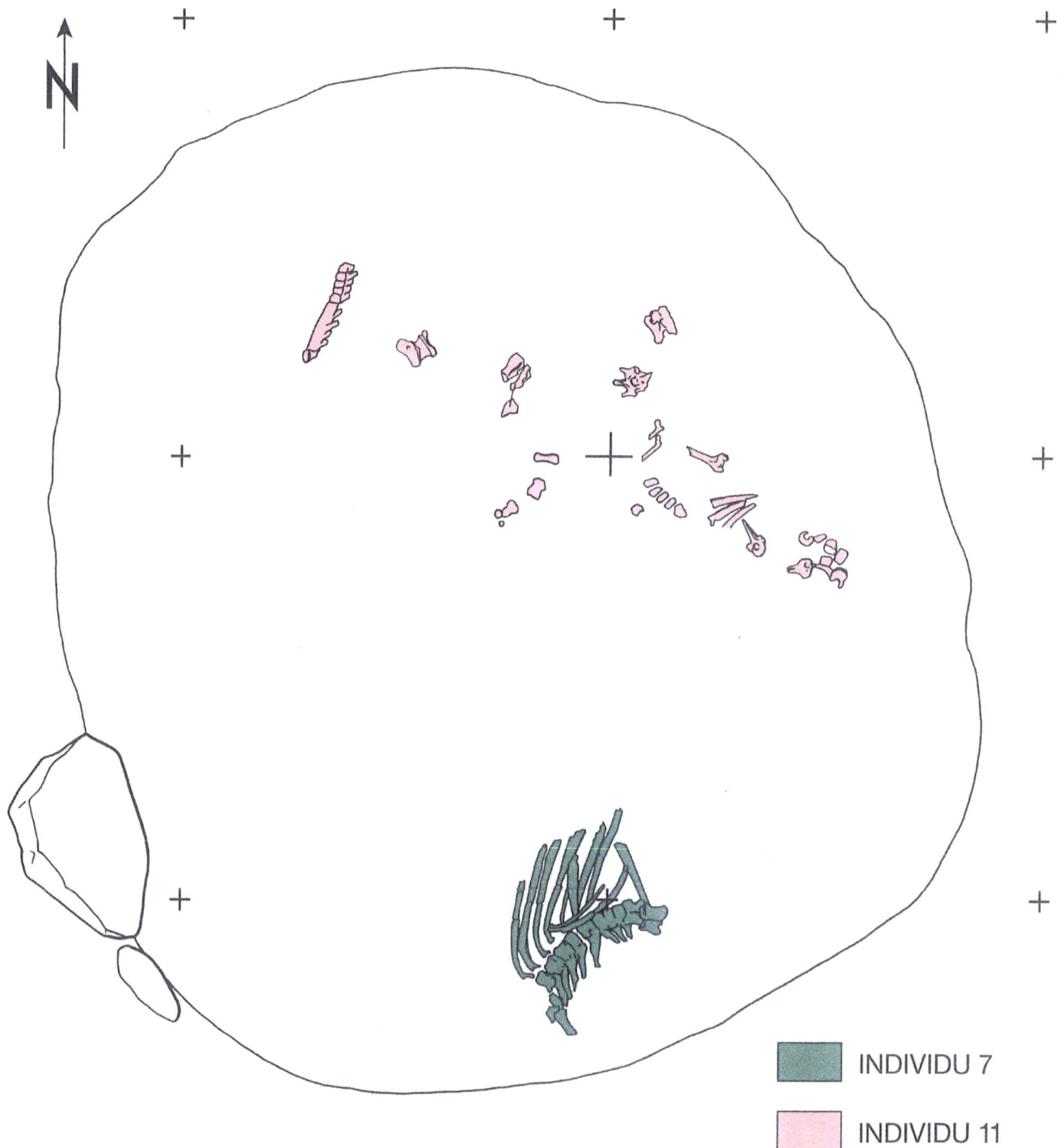

Fig. 43 : Fosse 22 : regroupement des vestiges des individus 7 et 11.

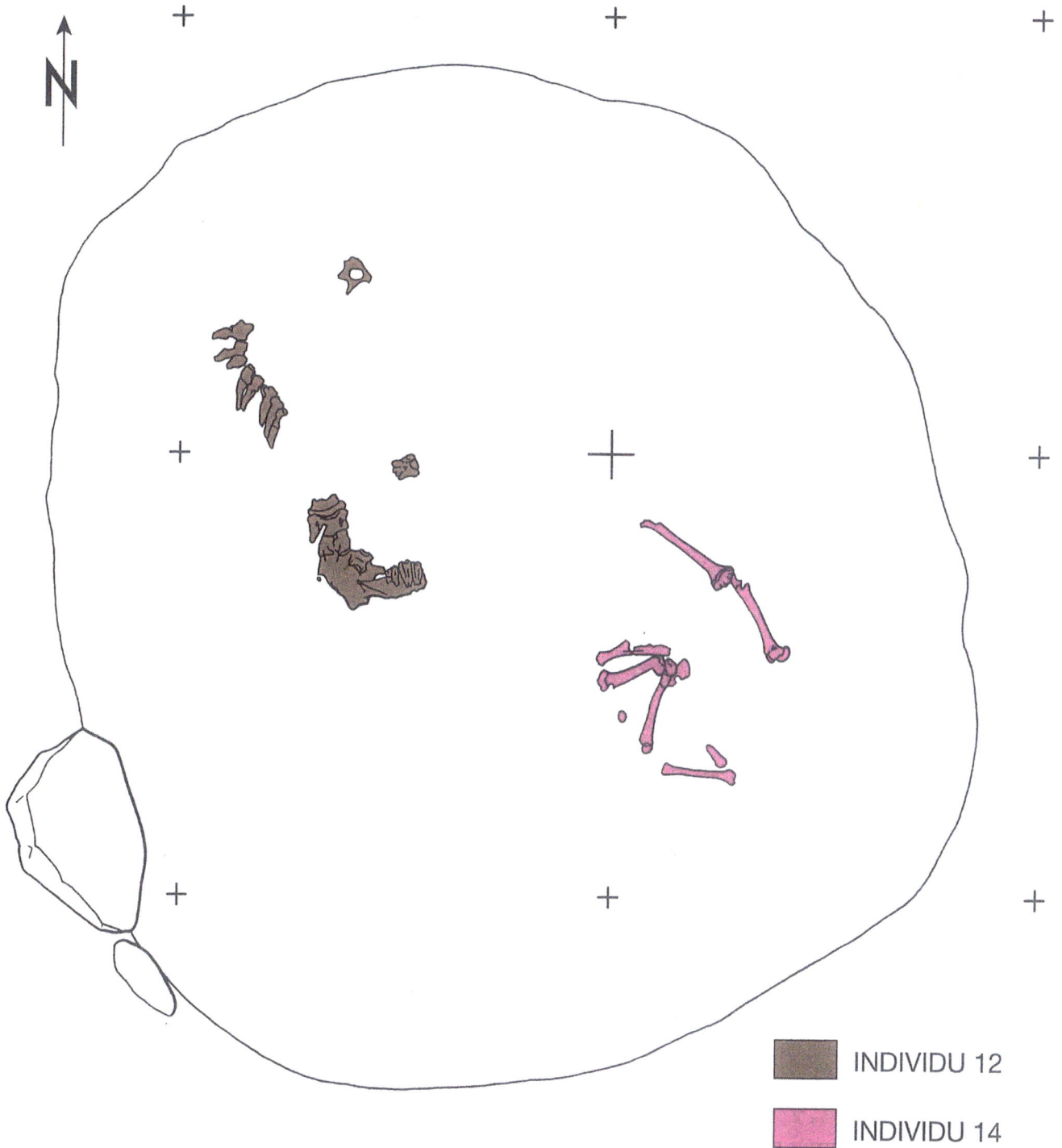

Fig. 44 : Fosse 22 : regroupement des vestiges des individus 12 et 14.

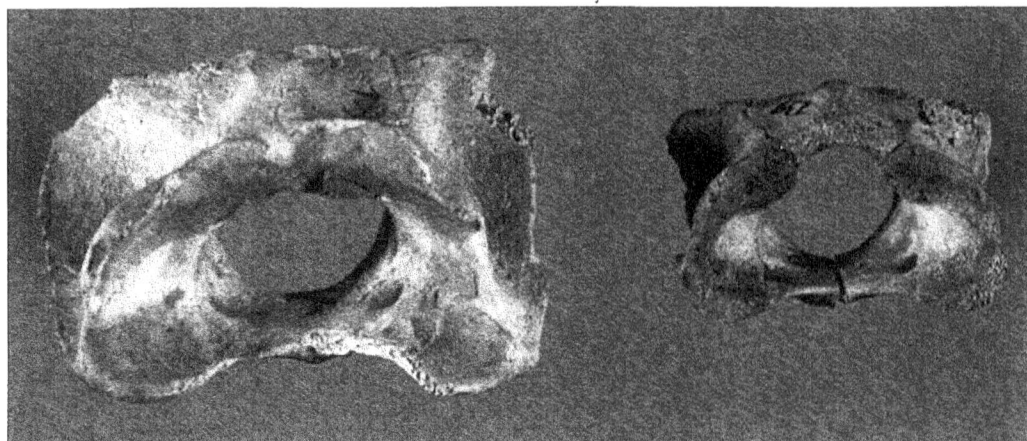

Fig. 46 : Comparaison entre les atlas de l'individu 1 (environ 3 ans) et de l'individu 4 (environ 2 mois) (cliché C. Ratton).

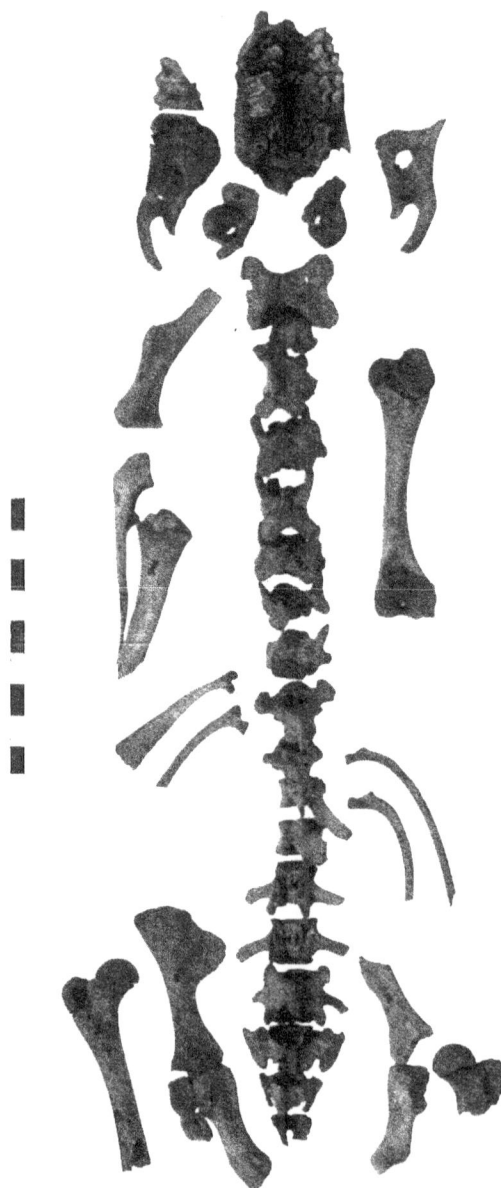

Fig. 47 : Reconstitution du squelette de l'individu 4 (environ 2 mois) (cliché J.-M. Zumstein).

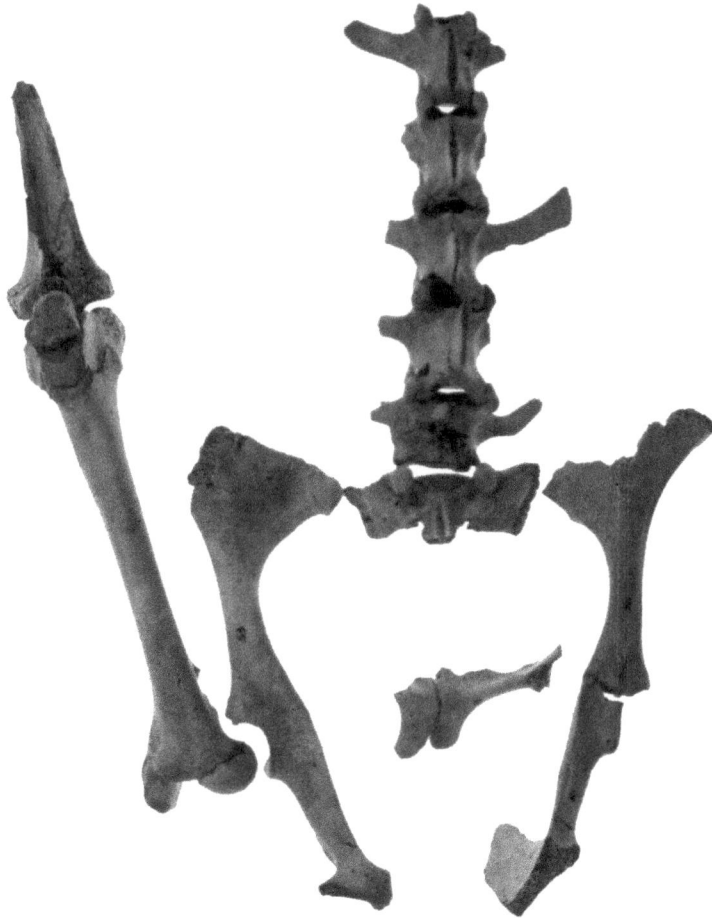

Fig. 48 : Reconstitution du squelette de l'individu 8 (environ 3 ans) (cliché J.-M. Zumstein).

	DT max. facette craniale	DT max. facette caudale	L max. fac. craniale-fac.caudale
Individu 1	41.5	37.4	39.3
Individu 2	41.5	38.5	39.3

Fig. 49 : Mesures montrant la similitude de taille de l'atlas des individus 1 et 2.

La longueur totale de l'humérus (128.3) multipliée par l'indice de Teichert indique une hauteur au garrot de 55 cm. Cette taille se place parmi les plus petites de celles obtenues par Chaix (1977) pour les moutons du Néolithique moyen valaisan, mais correspond assez bien à la moyenne des Soay de deux et trois ans étudiés par Méniel et Arbogast (1991). L'indice de gracilité calculé sur le même os (l'humérus) est égal à 9.7, ce qui confirme une fois de plus, par comparaison avec la valeur (10.1) obtenue par Méniel et Arbogast sur les béliers Soay (1991 : 216), l'extrême gracilité des moutons de Sion-Ritz. Ceci est également démontré par des mesures sur l'humérus (voir annexe métrique), inférieures à la moyenne de celles des Soay femelles étudiés par Clutton-Brock *et al.* (1990).

4-Répartition des restes et position des individus dans la fosse

4.1-Dégradation et déplacement des ossements

Aucun squelette n'a été conservé intégralement. Mais de manière générale, les animaux situés sur les bords montants de la fosse ont été beaucoup plus sujets à l'amputation d'une partie de leur corps par les phénomènes d'érosion que ceux ayant bénéficié d'une position plus centrale et plus profonde. Cependant, la plupart des individus ou parties d'individus conservés ont été découverts en connexion anatomique, sauf le numéro 13, qui permet d'attirer l'attention sur les possibilités de déplacement des éléments du squelette. En effet, ses deux demi-bassins (collant parfaitement entre eux) étaient distants de plus d'un mètre : le hémi-bassin droit, associé au fémur, au tibia et à la rotule, gisait au sud-ouest de la fosse, alors que le hémi-bassin gauche, trouvé en relation avec l'une des dernières vertèbres lombaires et une vertèbre sacrale, se situait au sud-sud est de la structure (fig. 40). De plus, une autre vertèbre lombaire, appartenant certainement au même animal, était placée à environ 50 cm à l'est du demi-bassin gauche. Ces ossements étaient positionnés en surface du sédiment en place (ils correspondent au premier décapage), ce qui pourrait expliquer le glissement de certains éléments du squelette lors de l'une des activités d'érosions. Ceci peut être appuyé par le fait que toute la moitié antérieure de l'individu a complètement disparu.

4.2-Quelques explications sur le calcul du NMI

La reconstitution des corps a été opérée en fonction des connexions anatomiques existantes au moment de la fouille, de l'âge déterminé sur les ossements, et de la position spatiale des segments squelettiques en connexion. Dans certains cas, il s'est avéré que des parties anatomiques complémentaires et de même âge ne pouvaient être associées, car elles se trouvaient en sens opposé. Or, il ne s'agit plus ici d'un déplacement de quelques os par des phénomènes post-dépositionnels, mais d'un retournement d'une partie d'un corps par rapport à une autre, ce qui est très improbable. Ainsi, les numéros 5 et 12, qui sont pourtant associables en termes de complémentarité et d'attribution d'âge, observent une position "face à face" (fig. 35 et 36). De même pour les 7 et 8. Le 11, qui pourrait appartenir à l'un de ces deux derniers, en est trop éloigné. Les deux membres antérieurs du numéro 13 sont en position symétrique, et n'ont donc probablement pas été déplacés ; la tête et le cou du 2, dont l'âge pourrait correspondre aux deux membres antérieurs, ne peuvent cependant pas lui être associés, car ils sont éloignés et les directions des corps divergent.

L'ensemble de ces considérations nous a mené à considérer que les fragments de squelettes 2 et 15, 5 et 12, 7, 8 et 11 représentent chacun des individus et ne sont pas associables, bien qu'ils pourraient l'être en termes de calcul de Nombre Minimum d'Individus, si l'on ne disposait pas de leur positionnement dans la fosse.

4.3-Reconstitution de la position des individus

Concernant les squelettes les mieux conservés, il est possible de déterminer la position dans laquelle les individus reposaient dans la fosse. Par la superposition des restes, nous pouvons également estimer l'ordre dans lequel ils ont été jetés.

L'individu 1 reposait sur la face ventrale, mais les deux membres antérieurs étaient rassemblés sur le côté gauche et la tête, peut être représentée par un fragment de crâne dont la position dans la fosse est indéterminée, devait être étirée vers l'arrière du corps. Par la position des vertèbres (apophyse dorsale au dessus) et la présence du tibia droit, l'individu 3 gisait également sur sa face ventrale. Malgré le fait qu'il soit relativement complet, il n'est pas possible de recomposer la position du jeune individu 4, dont le squelette est très remanié, bien que regroupé. Il en est de même pour le 6. L'individu 8, par contre, a été déposé sur le dos, vu la position de son fémur gauche et de son bassin. Enfin, par rapport aux ailes iliaques du bassin et au membre postérieur droit, l'individu 10 était également sur sa face dorsale. Pour les individus non cités, les restes présents ne permettent pas d'interpréter leur position.

Au vu de sa position centrale et au fond de la fosse, l'individu 1 a été déposé le premier, bien que ses membres antérieurs étaient légèrement surélevés par rapport à la partie postérieure du corps. Le 14 se trouvait également dans une position stratigraphique inférieure, le 6 le recouvrant partiellement. Les individus 10, 3, 4, 13, 9 et 12 se trouvaient au dessus, sans que leur altitude relative soit bien définie. Enfin, les numéros 8, 5, 7, 11, 15 et probablement encore légèrement au dessus le 2, recouvraient le tout.

D'après la position spatiale et stratigraphique des corps, aucun choix n'a été opéré pour le placement des caprinés domestiques dans la fosse (fig. 35 à 44).

5-Représentation des éléments anatomiques

L'absence de certains éléments anatomiques ou de parties squelettiques est caractéristique de tous les individus retrouvés dans la fosse (fig. 50a à d). Est-il possible d'observer une régularité du défaut de certains os ? Quelle est la signification des absences, des présences, de la représentativité de certaines parties anatomiques ?

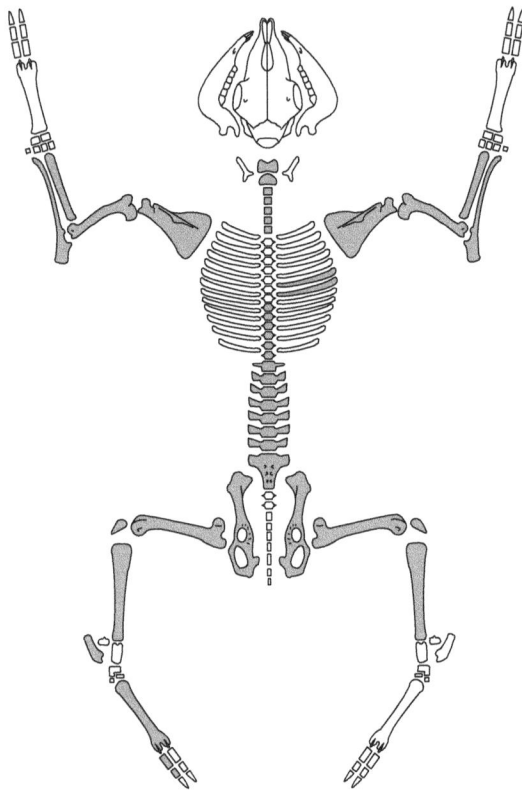

INDIVIDU 1

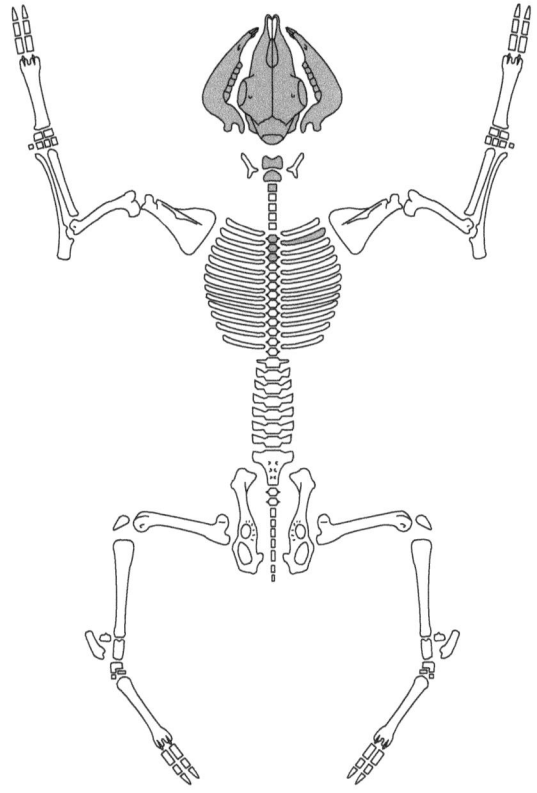

INDIVIDU 2

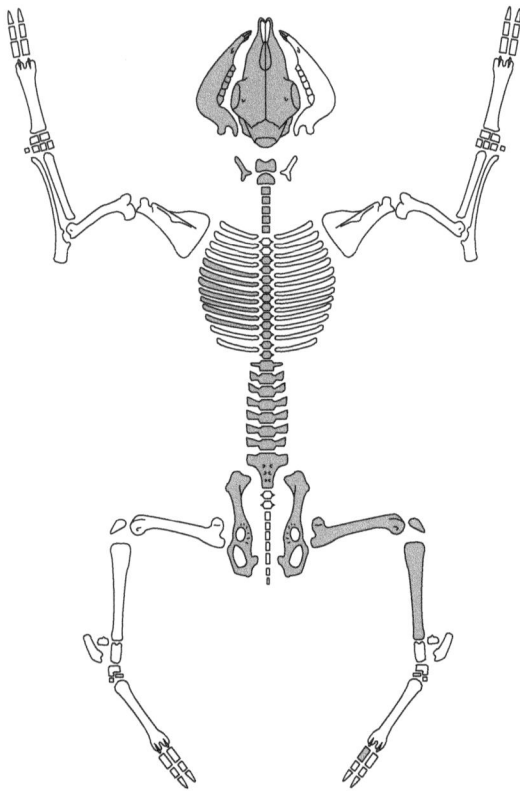

INDIVIDU 3

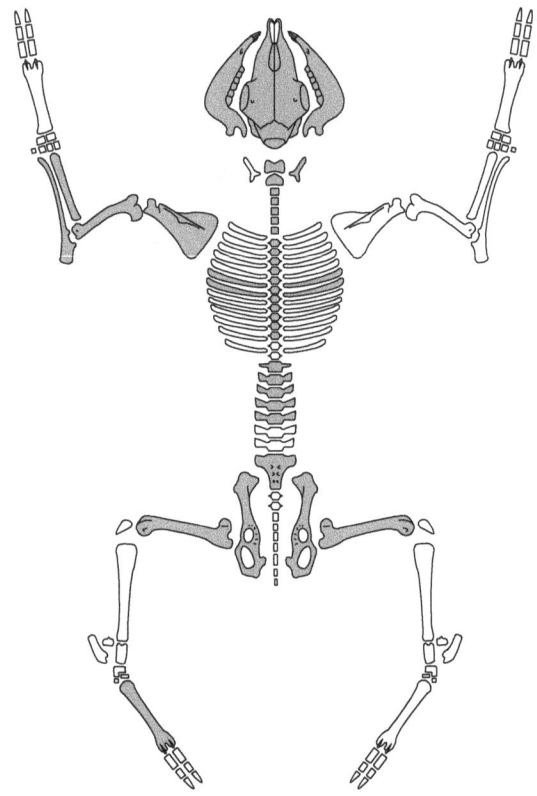

INDIVIDU 4

Fig. 50a : ossements conservés pour les individus 1 à 4.

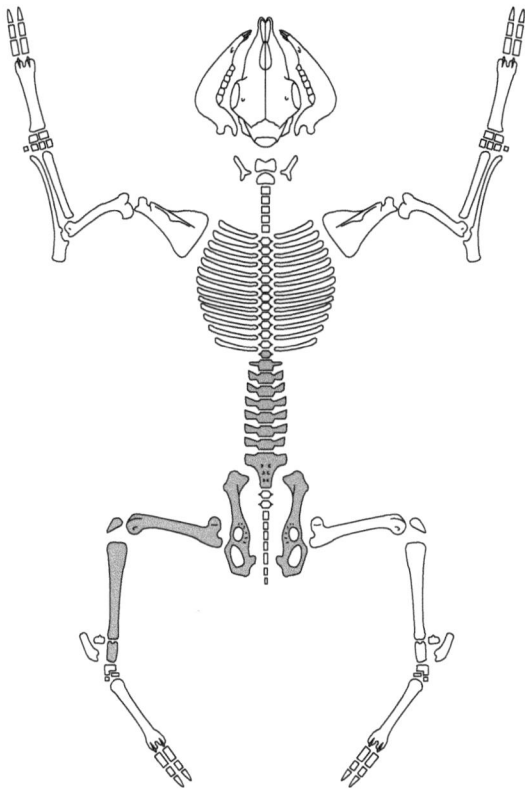

INDIVIDU 5

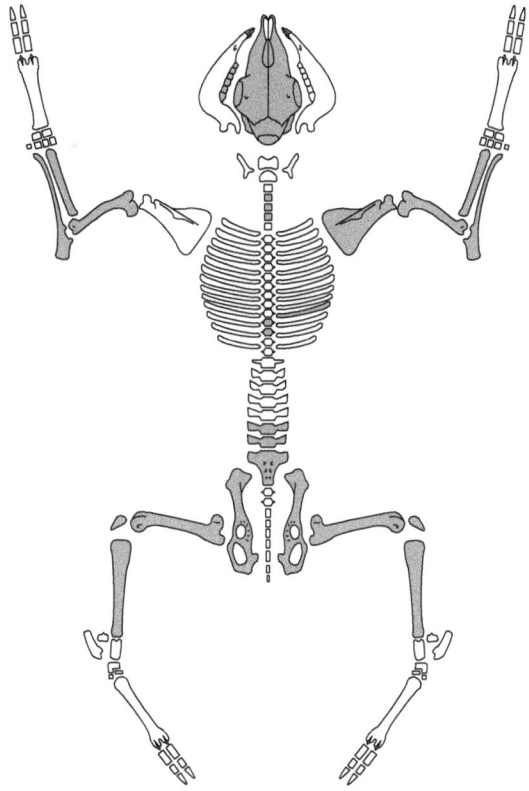

INDIVIDU 6

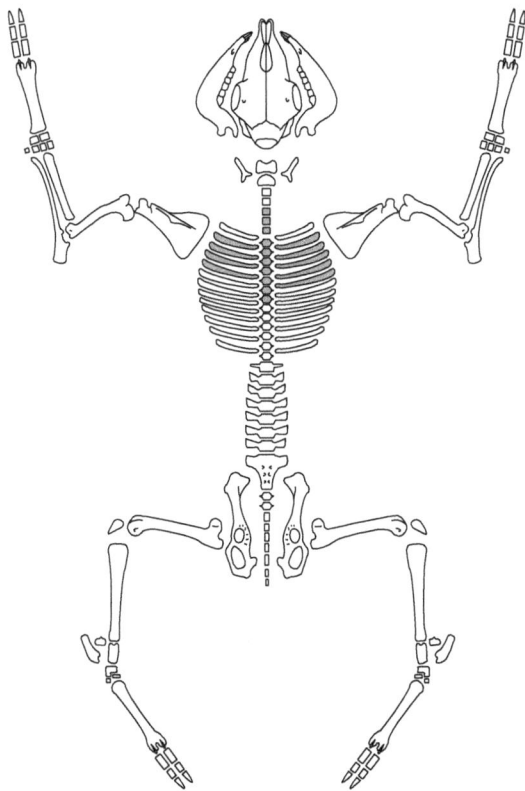

INDIVIDU 7

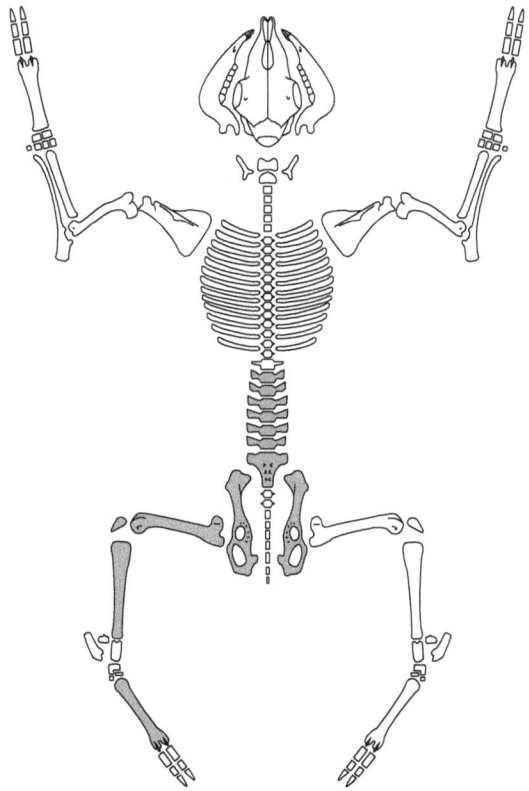

INDIVIDU 8

Fig. 50b : ossements conservés pour les individus 5 à 8.

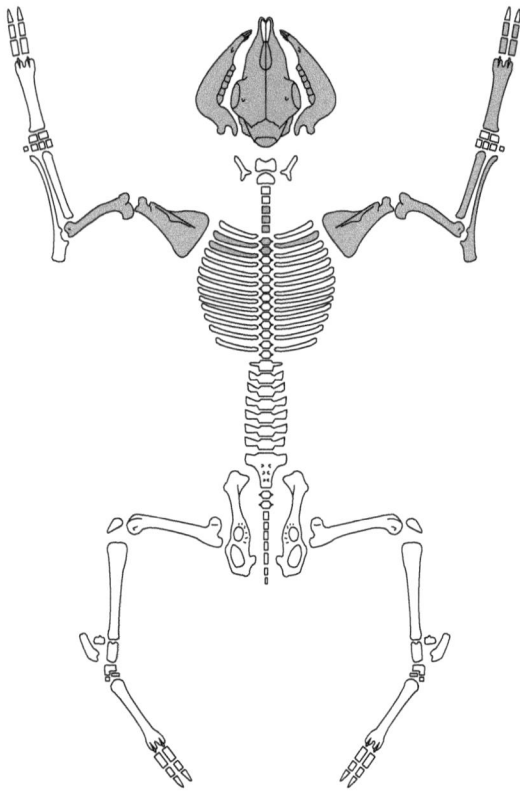

INDIVIDU 9

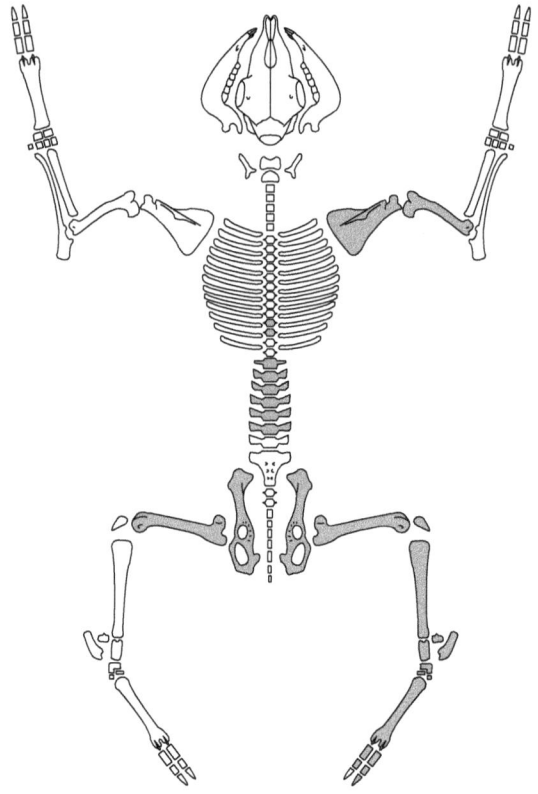

INDIVIDU 10

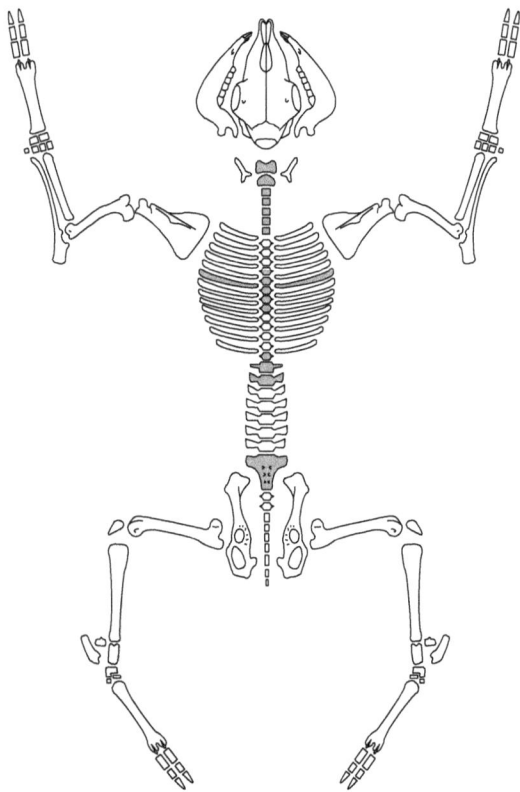

INDIVIDU 11

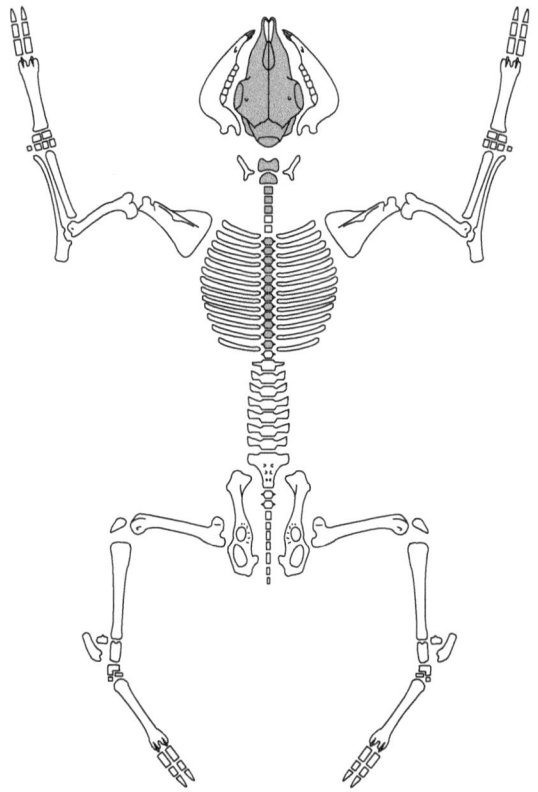

INDIVIDU 12

Fig. 50c : ossements conservés pour les individus 9 à 12.

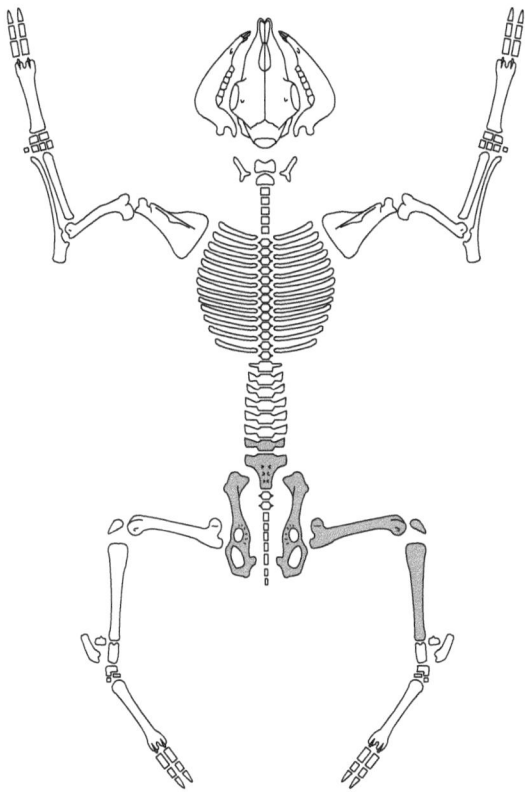

INDIVIDU 13

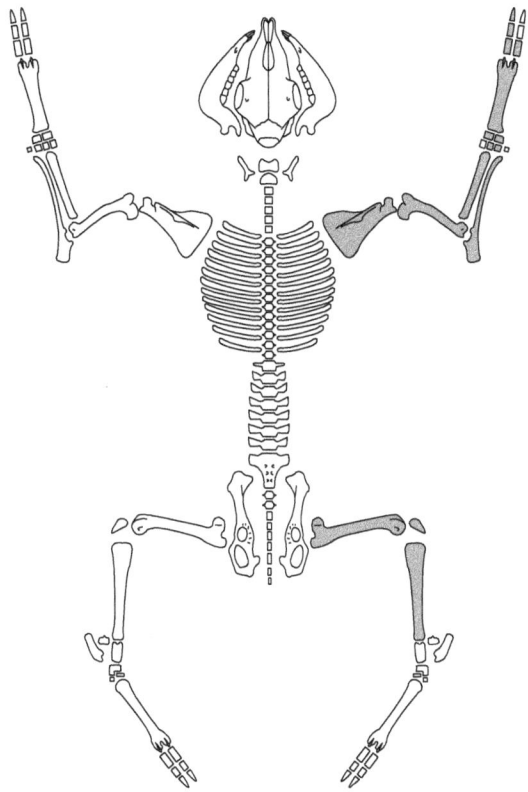

INDIVIDU 14

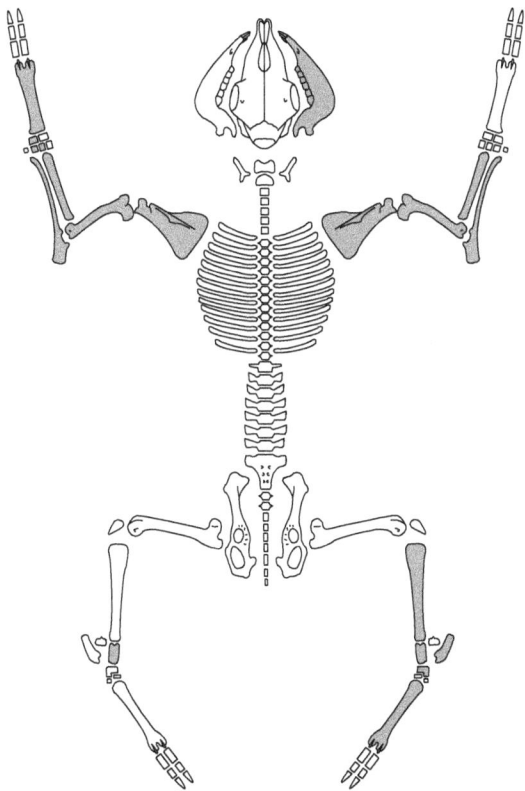

INDIVIDU 15

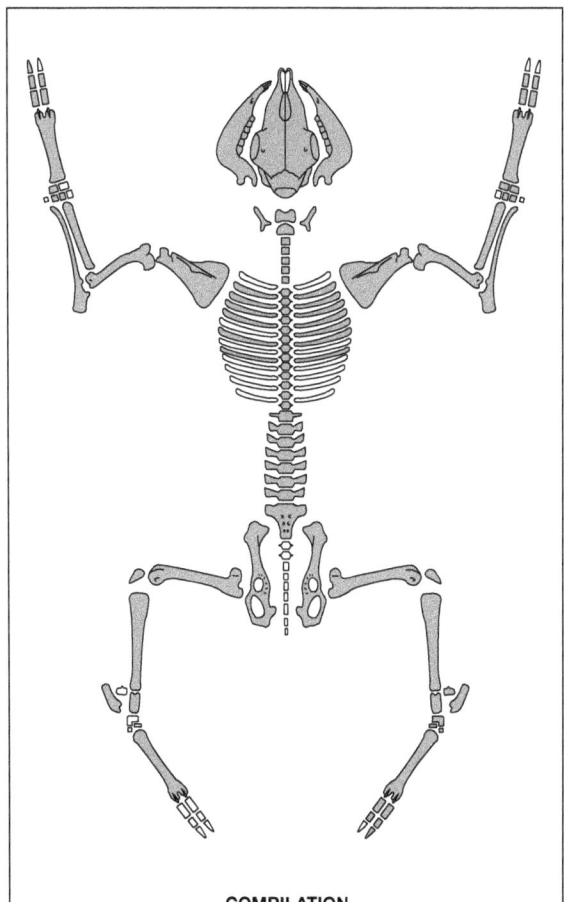

COMPILATION

Fig. 50d : ossements conservés pour les individus 13 à 15 et compilation de la totalité des parties anatomiques découvertes.

D'après les schémas représentant les quinze individus, nous pouvons affirmer que toutes les catégories d'os du squelette sont présentes (fig. 50d, compilation). En effet, en regroupant sur un seul squelette la totalité des éléments déterminés de tous les individus, nous n'observons aucune absence. Les animaux n'ont donc pas été privés, du moins systématiquement, d'une partie anatomique particulière avant leur enterrement ; nous n'observons pour le moins aucune régularité de prélèvement. Il nous est ainsi possible de poser l'hypothèse que les quinze caprinés n'ont pas été privés, pour le moins volontairement, d'une partie de leur corps avant d'être déposés dans la fosse.

L'absence de certains ossements sur les squelettes inventoriés, parfois très importante, peut être expliquée par plusieurs facteurs complémentaires.

Nous avons souligné précédemment que les activités torrentielles de la Sionne, tout en étant difficilement mesurables, ont provoqué une érosion de la surface de la fosse 22, provoquant ainsi la disparition de certaines parties du squelette des individus se trouvant proches de la surface, voire de d'animaux complets stratigraphiquement situés plus haut. Ce remaniement naturel post-dépositionnel peut donc expliquer en partie la disparition de certains ossements (individu 13 par exemple), mais n'explique pas l'absence d'ossements de caprinés plus profondément enfouis.

La fouille de sauvetage effectuée en un laps temps beaucoup trop restreint pour la compréhension de la fosse 22 peut également être à l'origine de l'absence de certains restes osseux. En effet, nous pouvons facilement supposer que la rapidité du prélèvement imposée par les conditions de travail de terrain, ainsi que l'absence de tamisage et de prélèvement de sédiments, ont participé à la disparition de petits os ou fragments, les rendant indisponibles pour l'étude ostéologique. Cet état de fait est particulièrement valable pour les petits os tels que ceux des extrémités de pattes (phalanges, mais aussi carpiens et tarsiens), très peu représentés dans le corpus ostéologique, et les petits fragments comme les vestiges de crâne, d'omoplate, de côtes ou de vertèbres. De même, les dents, surtout les déciduales des très jeunes individus, très fragiles, ont pu être soumises au même sort. Chez les jeunes caprinés, la destruction et donc la disparition de certains éléments, due à la fragilité de la matière osseuse et à l'ossification incomplète, est évidente. En effet, de nombreuses épiphyses d'os longs, probablement encore en partie cartilagineuses, n'ont pas été retrouvées dans l'ensemble du matériel.

Il est possible que la crémation des parties anatomiques (voir 7.2) les moins charnues (voir ci-dessous, 7.2) ait participé à la disparition de quelques éléments anatomiques, telles que des phalanges. Bien que les ossements brûlés (carbonisés ou calcinés) aient un potentiel de conservation généralement supérieur aux autres (voir par exemple Gilchrist et Mytum 1986 ; Shipman *et al.* 1984), leur noircissement ou leur éclatement peut avoir été la cause du fait qu'ils n'ont pas été repérés au cours des fouilles.

Enfin, les corps des animaux destinés à être inhumés ont peut-être été déplacés, après crémation, et leur dépôt dans la fosse serait alors secondaire. L'absence de certains segments anatomiques pourrait dans ce cas être expliquée par un transport partiel des corps brûlés du lieu de crémation à la fosse (voir interprétations, 8.2).

6-Age des moutons, estimation de la période de décès et évaluation des périodes de naissance

Un récapitulatif de l'âge des moutons de la fosse 22 est présenté, dans l'ordre croissant, dans le tableau de la figure 51.

Deux types de déduction peuvent être tirés de l'estimation de ces âges de décès : la première est relative à la période de la mort de l'ensemble des individus ; la deuxième à l'échelonnement des naissances des agneaux.

6.1-Age et période de décès

Référence faite au tableau synthétique de la figure 51, six agneaux sont âgés entre 1 et 3 mois, trois jeunes ont environ 1 an (entre 9 et 15 mois), un est âgé d'environ 2 ans et deux ont 3 ans ou légèrement plus[9]. Si nous considérons que les agneaux sont tous nés au mois

Ages \ Individus	9	4	6	13	10	14	3	12	5	2	1	8	7	11	15
1-2 mois	●														
± 2 mois		●	●												
2-3 mois				●											
± 3 mois					●	●									
9-12 mois							●	●							
± 1 an (10-15 mois)									●						
2 ans										●					
3 ans (< 3 ans 1/2)											●	●			
2-3 ans 1/2													●	●	●

Fig. 51 : Classification des moutons en fonction de leur âge de décès.

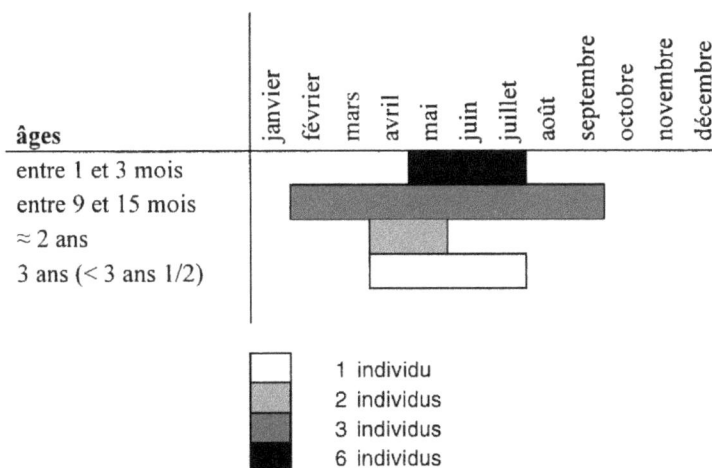

Fig. 52 : Estimation de la période de décès des moutons en considérant qu'ils sont tous nés au mois d'avril.

---

[9] Les trois moutons dont l'âge est évalué entre 2 et 3 ans et demi ne sont pas pris en compte car l'estimation est trop approximative.

d'avril, comme les races ovines primitives et particulièrement les Soay (Jewell and Grubb 1974), nous pouvons tenter, à partir des estimations d'âge, de retrouver la période de décès des jeunes animaux (fig. 52). En tenant compte de l'irrégularité des parturitions (voir ci-dessous) et de la fiabilité relative des estimations de l'âge sur les restes squelettiques, nous pouvons considérer que l'ensemble des individus de la fosse 22 sont morts à la même période de l'année, soit entre mai et juin (ces mois correspondant à la moyenne des résultats présentés dans la figure 52).

6.2-Age et période de naissance

Comme nous venons de le voir, l'imprécision de l'ensemble des données élaborées, surtout l'estimation de l'âge sur les vestiges osseux, n'autorisent pas la déduction d'une mort simultanée des moutons. Néanmoins, l'ensemble des considérations interprétatives de ce dépôt permettent de supposer cette simultanéité (voir plus loin). En considérant cefait comme établi, et en nous basant sur l'âge des individus les plus jeunes (1 à 3 mois), dont le squelette donne un âge plus précis que les autres, nous pouvons déterminer la période approximative de naissance des agneaux.

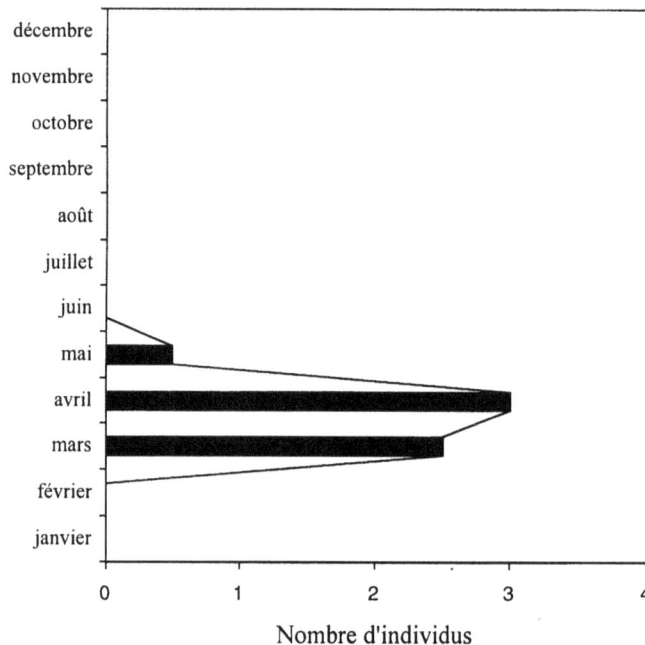

Fig. 53 : Plage de naissance des agneaux en acceptant la simultanéité de la mort des moutons de la fosse.

Si, par supposition, la mort de ces agneaux est survenue au mois de juin, la corrélation des âges estimés et du mois de décès montre que les naissances ont eu lieu entre mars et avril (fig. 53). Finalement, quelle que soit la date exacte de la mort, les naissances s'échelonnent donc sur au moins deux mois. Ces résultats sont caractéristiques d'un élevage où les périodes de reproduction et les agnelages ne sont pas complètement dominés et imposés par l'homme.

7-Signification des traces naturelles et anthropiques

7.1-Quelques traces d'origine naturelle

La presque totalité des restes osseux récoltés dans la fosse 22 comporte des traces vermiculaires dues principalement à l'action des racines. Quelques ossements, parmi les individus les plus jeunes, sont relativement érodés, notamment aux extrémités des os longs. êcrasés par le poids des sédiments qui les recouvraient, les rares crânes retrouvés lors des fouilles sont très fragmentés. Seul celui de l'individu 2 a pu être relativement bien reconstitué (fig. 39). Aucune trace de morsure n'a été repérée sur l'ensemble de l'échantillon osseux.

7.2-Recherche de traces anthropiques

Quant aux témoins d'origine anthropique, ils sont très limités et peu variés.
En effet, aucune trace prouvant une activité d'abattage et / ou de boucherie effectuée à l'aide d'instruments tranchants (égorgement, dépeçage, découpe, décarnisation, etc.) n'a été relevée sur les vestiges osseux, pourtant observés avec minutie. Contrairement à quelques exemplaires de crânes de moutons trouvés dans le niveau inférieur du Petit-Chasseur (Sauter, Gallay et Chaix 1971) et présentant un trou obtenu par percussion entre les chevilles osseuses, les quelques restes de pariétaux et frontaux de la structure 22 ne laissent apparaître aucune trace de traumatisme correspondant à une mise à mort. Par opposition aux ossements provenant des autres structures de Sion-Ritz (voir chap. III), probablement fracturés volontairement dans le but d'obéir à des règles de boucherie et de consommation, ceux de la fosse 22 sont en général peu fragmentés. Cette remarque s'applique particulièrement aux os longs qui sont souvent complets, alors qu'ils sont toujours brisés lorsqu'ils font l'objet de la consommation de la mœlle. A cette absence totale de traces d'abattage et de boucherie s'ajoute le fait que les squelettes ou parties de squelettes ont été découverts en connexion anatomique, sauf quelques rares cas pour lesquels le déplacement des os semble le résultat des activités torrentielles (individu 13, fig. 40).

parties anatomiques	nombre de restes brûlés
tête (crâne et mandibules)	9
vertèbres	3
membres (os longs sans métapodes)	21
extrémités de membres (avec métapodes)	13
total	**46**

Fig. 54 : Fréquence des parties anatomiques brûlées.

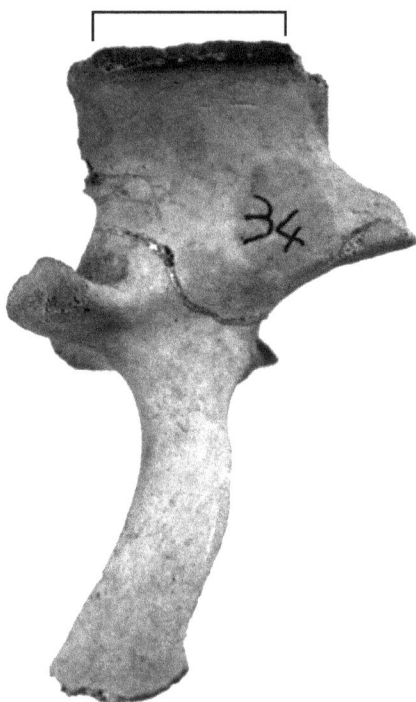

Fig. 55 : Vertèbre lombaire brûlée sur le sommet de l'apophyse dorsale (individu 5) (cliché J.-M. Zumstein).

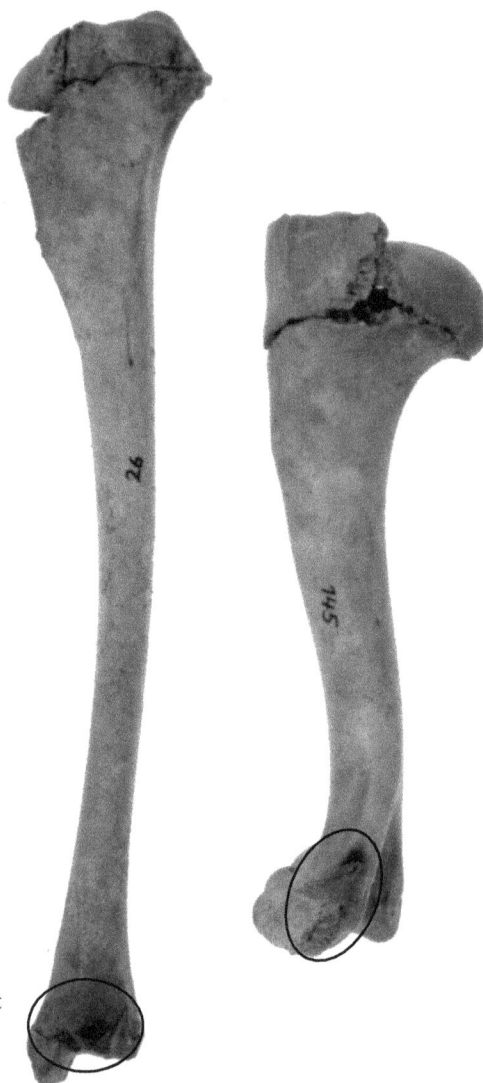

Fig. 56 : Traces de brûlure sur la face externe des épiphyses distales d'un tibia et d'un humérus (cliché J.-M. Zumstein).

L'unique empreinte d'activité humaine qui puisse être observée sur les ossements de cette structure apparaît sous forme de brûlures, visibles sur 46 des restes déterminés (un seul os brûlé est compté lorsque plusieurs fragments lui appartiennent). La répartition anatomique des os brûlés est présentée dans le tableau de la figure 54.

Les traces de feu sur ces éléments anatomiques sont particulièrement observables sur les parties distales ou externes des os. Ainsi, les trois vertèbres comptabilisées (l'atlas et l'axis de l'individu 2 et une lombaire du numéro 5) ont été brûlées sur leur partie dorsale (au sommet de l'apophyse dorsale pour la lombaire : fig. 55).

Sur les os longs, les traces de brûlure ont été relevées sur les faces latérales (fig. 56), souvent sur les épiphyses distales ou sur les moitiés distales de l'os, mais jamais sur les épiphyses proximales (sauf sur les métapodes). La majorité des os longs qui porte de telles traces est fragmentée à la limite de l'os brûlé, ce qui montre que la crémation a fait éclater ou a fragilisé la matière osseuse. Cette remarque permettrait également d'expliquer la fréquence très faible des os des extrémités des membres (carpiens et tarsiens, métapodes, phalanges) : ils ne sont que 37, appartenant à 9 individus (fig. 53), alors qu'ils devraient être bien représentés par rapport aux autres éléments du squelette par le fait qu'ils sont très nombreux (12 carpiens, 10 tarsiens, 4 métapodes, 24 phalanges) et grâce à leur résistance à la destruction. Quand ils sont présents, ceux-ci peuvent être très brûlés, comme ceux de l'individu 15 : le métacarpe gauche, qui porte des traces de feu sur la partie proximale de la face antérieure, est associé au capitatum, au scaphoïde et au semi-lunaire du même membre, également brûlés sur leurs faces latérales (fig. 57). Le membre antérieur droit, par contre, n'est représenté que par la moitié proximale du radius, la moitié distale ayant brûlé et s'étant fragmenté à la limite de la crémation et le reste de la patte ayant disparu. Les membres postérieurs ont également été atteints par le feu, puisque l'astragale gauche est légèrement noirci, et que le membre droit est carbonisé depuis le distum du tibia, incluant l'astragale, le calcaneum, le naviculo-cuboïde et le métatarse (fig. 58).

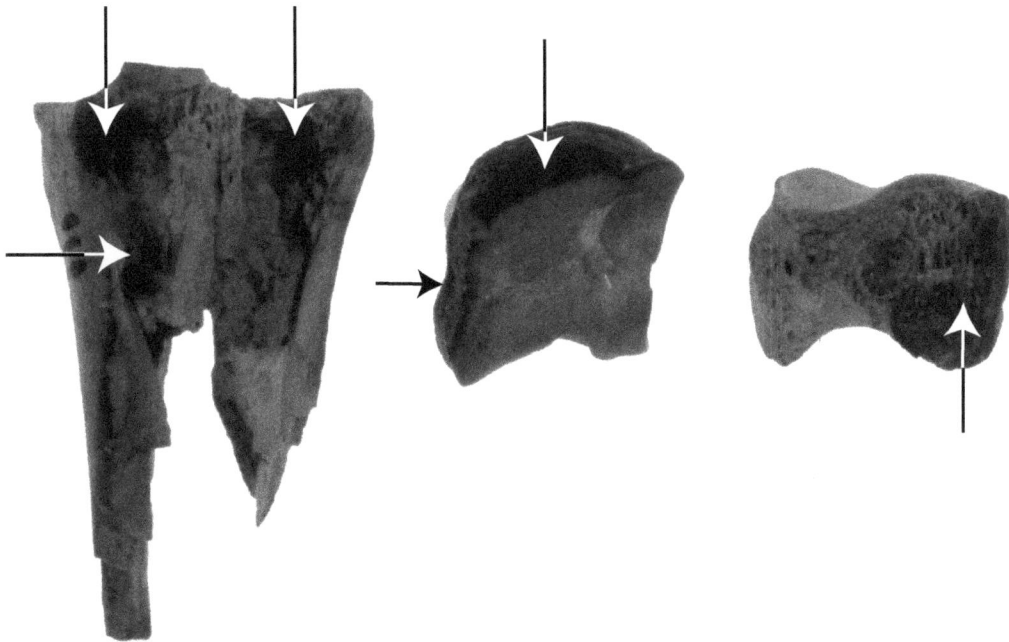

Fig. 57 : Traces de brûlure sur un membre antérieur de mouton : métacarpe, capitatum, scaphoïde et semi-lunaire sont brûlés sur leur face antérieure (cliché J.-M. Zumstein).

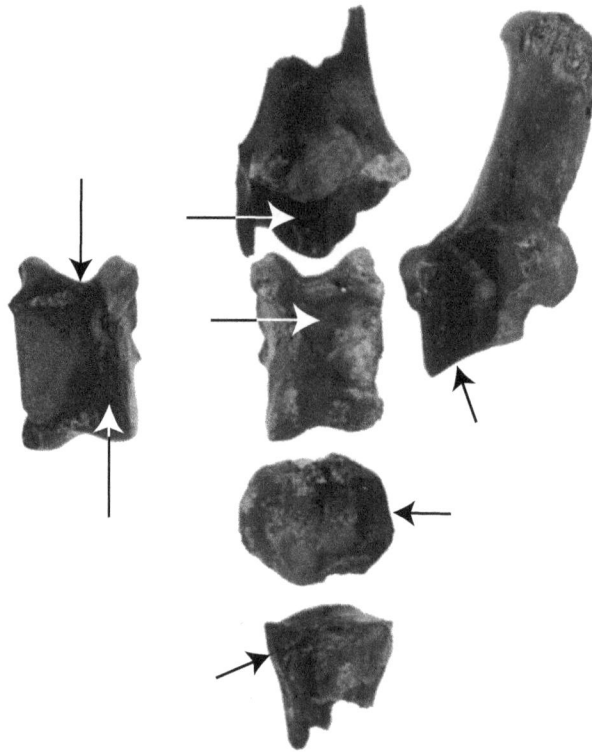

Fig. 58 : Fragment de membre postérieur carbonisé : extrémité distale de tibia, talus (droit et gauche), calcaneus, naviculo-cuboïde et extrémité proximale de métatarsien (cliché J.-M. Zumstein).

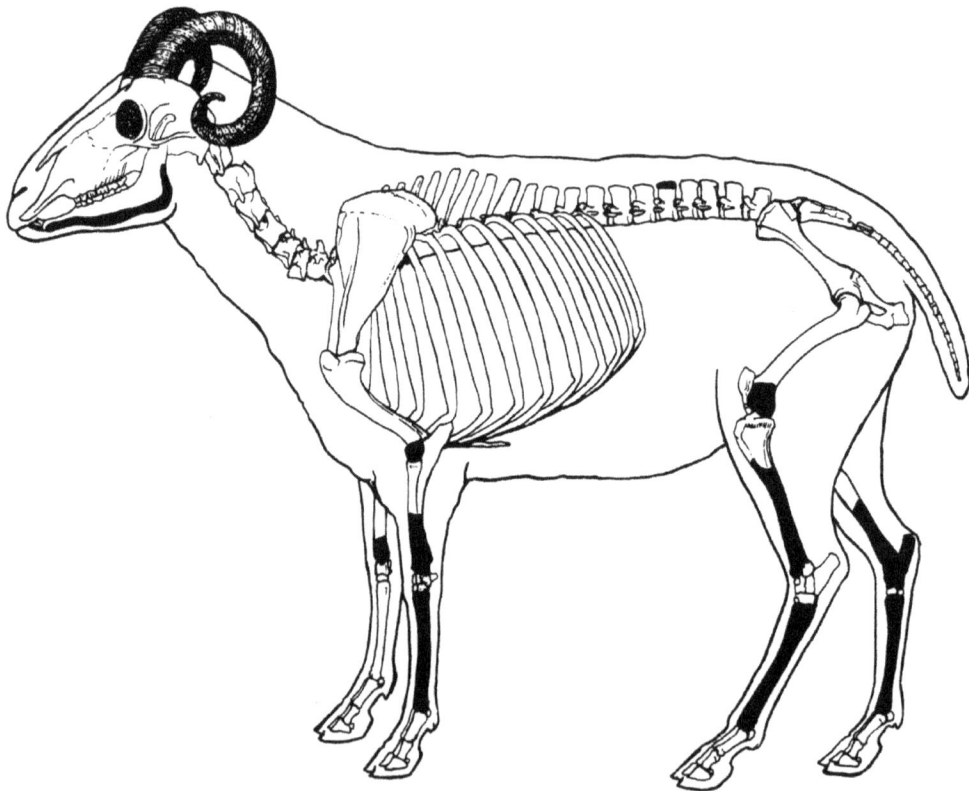

Fig. 59 : Répartition, sur un squelette de mouton, des traces de brûlure observées.

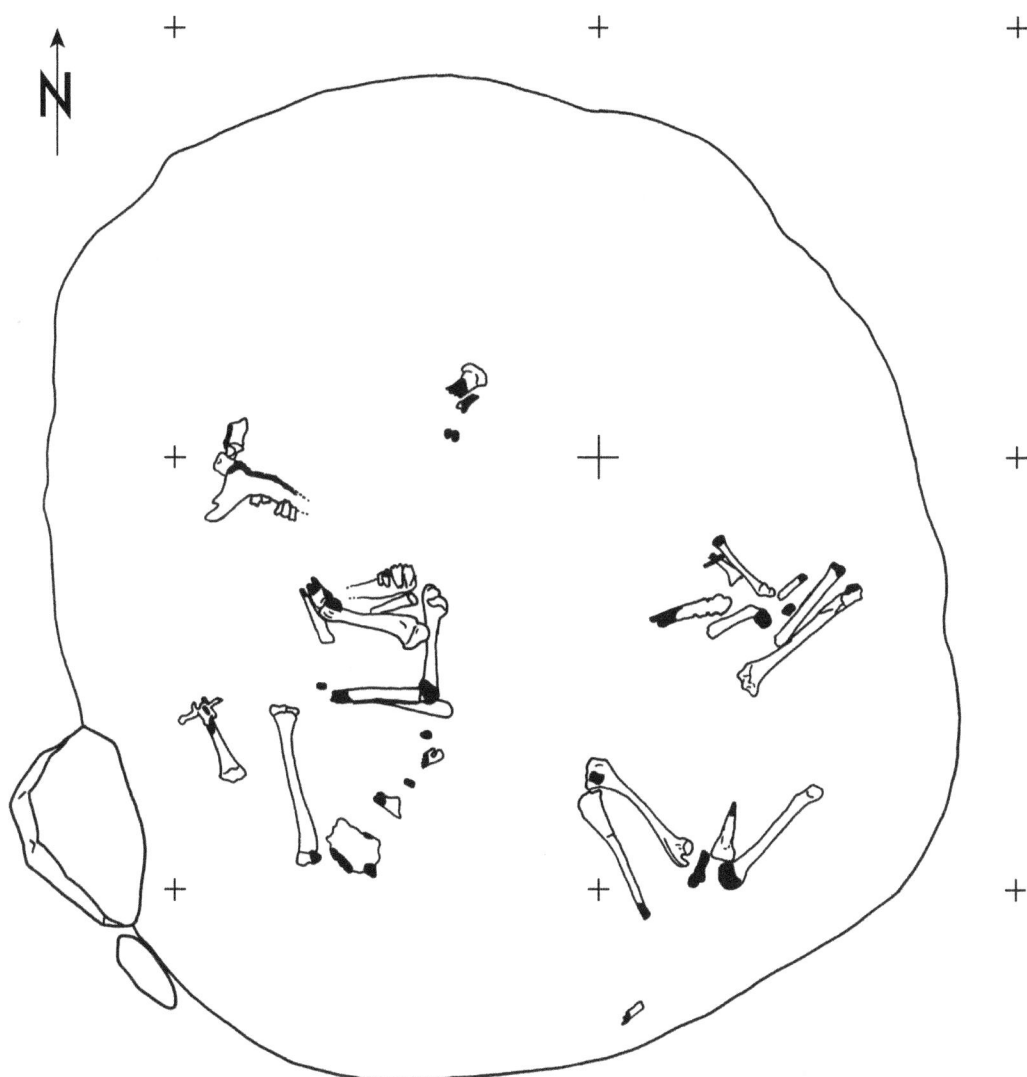

Fig. 60 : Répartition des os brûlés dans la fosse 22.

Lorsque des parties de la tête ont été touchées, il s'agit des mandibules et des dents (par exemple l'individu 2) ou de la boîte cranienne (individu 3).

L'ensemble de ces observations met en évidence une crémation des parties du corps les moins charnues (fig. 59), donc sur lesquelles les os sont les plus facilement vulnérables à l'attaque des flammes. Mises à part les difficultés de prélèvement des petits os au moment de la fouille, ceci pourrait en partie expliquer, comme nous l'avons sous-entendu plus haut, la sous-représentation des extrémités des pattes de certains individus, par éclatement et non récolte des petits fragments.

La répartition dans la fosse des os comportant des traces de brûlure ne laisse pas apparaître de particularité (fig. 60). Aussi bien au niveau spatial que stratigraphique (répartition dans les trois décapages artificiels), les vestiges squelettiques brûlés se retrouvent aussi bien sur les bords que sur le centre de la structure, depuis la surface jusqu'au fond.

8-Propositions d'interprétations et reconstitution

8.1-Récapitulation des faits archéozoologiques

La reconstitution demande tout d'abord la récapitulation de plusieurs points de l'étude.

Dans la fosse 22 du site néolithique de Sion-Ritz, quinze caprinés domestiques ont été déposés sans arrangement particulier. Ce sont pour la plupart des moutons (les autres n'ayant pu être déterminés spécifiquement), âgés entre un mois et trois ans et demi environ, les deux sexes étant représentés. La position et la superposition des corps suggèrent qu'aucun classement n'a été opéré pour répartir les animaux par âge, par sexe, etc. En outre, l'âge de décès des caprinés semble correspondre, pour tous les individus, à la même période de l'année : la fin du printemps.

Aucune trace d'abattage et de découpe de boucherie n'ayant été repérée sur la surface des ossements, ce sont des animaux supposés entiers qui ont été jetés dans la fosse. Pour le moins, aucun vestige ne témoigne sur ces restes d'un traitement boucher antérieur au dépôt.

La présence de traces de carbonisation est très nette sur les parties de l'animal les moins charnues (principalement les extrémités de membres), bien que tous les individus n'aient pas été touchés. La présence dans les sédiments de comblement de la fosse de quelques charbons et de cendres (fig. 34) prouve qu'il y a eu incendie volontaire des corps, bien que les témoins de cette crémation (charbons, cendres, chaux éventuelle) n'aient pas été étudiés en l'absence de prélèvement d'échantillons de sédiments (voir chap. I : introduction).

8.2-Alternatives d'interprétation

L'ensemble de ces considérations (supposition de la simultanéité des décès, présence des deux sexes, positions anarchiques, traces de brûlure, restes de charbons et de cendres) invite à proposer un dépôt simultané d'un groupe d'individus. En l'absence d'une argumentation de type sédimentologique ou géomorphologique, qui permettrait d'apporter les preuves d'une crémation à l'intérieur de la fosse, et d'étude de type parasitologique ou bactériologique (absence de pathologie morphologique des os et milieu de conservation ne permettant aucune recherche d'éléments comme des bactéries dans les restes), nous devons proposer plusieurs hypothèses d'interprétation.

Selon la première, les quinze individus ont été sacrifiés dans un but rituel. Pourtant, aucune trace sur les ossements ne le laisse supposer. Les squelettes étant partiels, les caprinés pourraient également avoir été privés d'une partie de leur corps, principalement les extrémités de membres, ou la tête. Toutefois, nous n'avons pu observer aucune régularité de prélèvement d'une partie anatomique plutôt qu'une autre (fig. 50a à d). L'explication de la disparition de certaines parties de corps, différentes et inégales selon les individus, est plutôt à rechercher parmi des causes de conservation post-dépositionnelle, de qualité de fouille et de prélèvement des vestiges, de crémation de certaines parties – sachant que quelques caprinés sont très jeunes, donc encore mal ossifiés – ou de déplacement des corps brûlés.

Une deuxième alternative peut être proposée : les quinze caprinés sont morts naturellement, probablement à la suite d'une épizootie. Cette hypothèse peut être argumentée par le dépôt de type anarchique, la variabilité des âges et l'extrême jeunesse de certains individus (plus fragiles), et l'impression, malgré d'importantes déficiences d'ossements (particulièrement les extrémités de membres), que les animaux n'ont pas été privés d'un ou plusieurs segments particuliers de leur corps (irrégularité des absences, individu 1 presque complet…). Les traces de brûlure observées sur certains ossements seraient alors le résultat d'une crémation de l'ensemble des caprinés morts, peut-être déjà en voie de putréfaction.

Les modalités de traitement des corps avant leur enterrement dans la fosse 22 font également l'objet de plusieurs alternatives.

Avant d'être déposés dans la fosse, les quinze caprinés ont peut-être été découpés en quartiers. Mais ici encore, aucune trace ne le laisse supposer. Parallèlement, ceci ne permettrait pas d'expliquer le déficit de certains os ou segments squelettiques, puisque, comme nous l'avons déjà remarqué, aucune régularité de prélèvement n'a été relevée. De plus, le squelette de l'individu 1, placé au fond de la fosse, est presque complet, si l'on considère que sa tête est représentée par le crâne ne portant aucune référence spatiale ni stratigraphique, et que l'un de ses membres est entier jusqu'aux deuxièmes phalanges (fig. 50a).

Les traces de brûlure observées sur quelques ossements, principalement des extrémités de membres, sont le résultat d'une exposition au feu des animaux. Les restes osseux carbonisés et les rares vestiges de cendres ou de charbons découverts dans la fosse sont les vestiges d'une crémation. Il nous paraît peu probable qu'il s'agisse d'une "cuisson", suivie d'une consommation, puisqu'aucune trace de découpe liée à ces pratiques, même très légère, n'est visible sur les os, et qu'aucune partie anatomique particulière ne semble avoir été prélevée. La crémation a probablement été organisée en "bûcher", ce qui permettrait d'expliquer que seules les parties les moins charnues des individus ont été atteintes, et que certains animaux, qui occupaient peut-être une place plus centrale, ne présentent aucun os brûlé. En effet, le feu ne pénètre guère au cœur d'un amas de cadavres. A ce propos, il n'est pas possible de parler d'incinération, puisque seules quelques parties ont été carbonisées et aucun os n'est calciné (Poplin, 1995 ; Chenal-Velarde et Studer, à paraître). En effet, la calcination des ossements n'aurait pu être obtenue que par une température plus élevée et une exposition au feu plus longue, ce qui n'est apparemment pas le cas. Le foyer destiné à entretenir la combustion n'était donc certainement pas très important.

La crémation s'est peut-être produite directement à l'intérieur de la fosse, où des vestiges consumés de végétaux (cendres et charbons) étaient présents, associés aux ossements. Pourtant, dans ces conditions d'entassement des corps, le feu aurait atteint avec difficulté les animaux placés dans le fond du trou. Or, les ossements carbonisés se répartissent dans les trois décapages artificiels, donc jusqu'au fond de la structure (voir restes brûlés de l'individu 1, fig. 60). L'enterrement dans la fosse est donc probablement un dépôt secondaire.

En effet, les corps des animaux ont pu être brûlés sur un bûcher à l'extérieur. Ceci pourrait en partie expliquer le déficit de certains éléments anatomiques, les individus ayant pu être ramassés partiellement avant leur enterrement. La présence de quelques charbons et de traces de cendres dans la fosse pourrait être expliquée par l'apport en masse des restes de corps carbonisés associés aux végétaux brûlés. L'absence de rubéfaction dans la structure peut en outre représenter un argument supplémentaire à cette hypothèse, tout comme la large répartition spatiale et stratigraphique des os.

8.3-Hypothèses retenues et reconstitution

En l'absence d'étude sédimentologique et bactériologique, seule l'analyse archéozoologique peut apporter des éléments de réponse pour l'interprétation du dépôt correspondant à la fosse 22. Les résultats de cette analyse nous ont permis d'acquérir des hypothèses, parmi lesquelles, selon toute vraisemblance, il nous est permis de retenir les suivantes : les quinze caprinés dont il est question, dont certains sont très jeunes, sont morts simultanément, à la fin du printemps, et probablement de mort naturelle ;
ils n'ont certainement pas été découpés et n'ont pas subit de prélèvement d'une ou plusieurs partie(s) anatomique(s) ;
les cadavres ont été brûlés sur un bûcher, ce qui explique que la crémation ait été partielle ;
un dépôt secondaire dans la fosse permettrait d'interpréter le déficit de certains os voire de segments anatomiques.

Ainsi, tout porte à croire que la mort des moutons (et / ou chèvres) a pu être provoquée par une épizootie contractée après l'hivernage. Ceci aurait pu entraîner la mort foudroyante d'une partie d'un troupeau, particulièrement les plus jeunes individus, plus fragiles et moins protégés contre les maladies de type infectieux, viral, ou parasitaire. Les cadavres, souvent non comestibles et rapidement en état de putréfaction suivant la cause de la mort, auraient été brûlés sur un bûcher avant d'être définitivement éliminés par inhumation dans une fosse creusée à cet effet. Cette dernière a en outre été certainement très rapidement comblée, puisque qu'aucune trace de morsure par des carnivores n'a été repérée sur les restes osseux.
Cette hypothèse étant retenue, nous pouvons tenter de rechercher les causes pouvant être à l'origine de ce décès collectif.

9-Recherche des causes de décès

Les ovins sont particulièrement sensibles à différents types de maladies provoquées par des parasites, des bactéries ou des virus. Nombre de ces maladies peuvent être mortelles, surtout pour les jeunes agneaux. En l'absence d'étude de type parasitologique ou virale, nous ne pouvons que proposer des hypothèses sur les causes de décès, plausibles par rapport aux faits archéozoologiques.

Les différentes parasitoses dues à des parasites internes (strongles gastro-intestinaux et bronchiques-pulmonaires, petite et grande douve à localisation hépathique, etc.) peuvent être mortelles, particulièrement chez les jeunes agneaux qui ne subissent aucun traitement. Les contaminations se font généralement à l'herbage, entre le printemps et l'été.

Il est possible que les jeunes individus découverts dans la fosse 22 aient contracté l'une de ces parasitoses internes lors de leur mise à l'herbage au printemps. Pourtant, plusieurs arguments peuvent être opposés à cette proposition : les agneaux de 1 à 3 mois sont très jeunes et encore très largement allaités, si ce n'est exclusivement ; certaines parasitoses affectant plutôt les agneaux, comme la strongylose gastro-intestinale banale, se contractent entre juillet et septembre (Luquet *et al.* 1978), or les individus de la fosse 22 sont morts avant ou au début de l'été ; ces derniers sont certainement tous morts dans un laps de temps très court, puisqu'ils ont été enterrés ensemble et rapidement recouverts ; les ovins morts à la suite de telles pathologies restent comestibles par l'homme (malgré quelques risques de transmission des parasites), or ceux de la fosse 22 n'ont probablement pas été consommés ; finalement, les traces de feu sur les corps semblent prouver que si une "désinfection" a semblé nécessaire aux habitants néolithiques de Sion-Ritz avant l'inhumation, une maladie fortement contaminatrice, certainement infectieuse ou virale, a plus probablement emporté la partie de troupeau retrouvée dans cette fosse.

Partant du principe que la mort de l'ensemble des individus est intervenue rapidement et plus ou moins simultanément, la cause peut-être recherchée parmi les maladies gastro-hépato-entérotoxémies (charbon), certaines formes étant fulgurantes ou suraiguës (Luquet *et al.* 1978). La dysenterie hémorragique du nouveau-né, la maladie du rein pulpeux (ou "coups de sang"), l'œdème de la caillette et l'hépatite infectieuse nécrosante (provoquée par l'infestation massive des grandes douves), provoquent des lésions hémorragiques et une mort brutale et rapide des animaux atteints. Il est fort probable que l'une de ces infections soit à l'origine de la mort simultanée des jeunes animaux jetés dans la fosse 22.

10-Comparaisons

Ce dépôt d'un groupe de jeunes moutons suivi d'une crémation des corps paraît exceptionnel dans l'état actuel de la recherche sur le Néolithique valaisan, puisqu'aucun cas semblable n'a été étudié jusqu'à présent. Le seul exemple de rejet particulier de restes d'ovins est celui de trois fosses néolithiques du Petit-Chasseur à Sion (Sauter, Gallay et Chaix 1971), où 16 crânes présentant une découpe particulière ont été prélevés et étudiés par L. Chaix. Cependant, ces vestiges, bien que très intéressants du point de vue culturel et ostéologique, étaient isolés de leur squelette post-cranien respectif et portaient des traces d'abattage et d'enlèvement volontaire des maxillaires. Ces aspects illustrent une nature et une fonction des dépôts de Sion-Ritz et du Petit-Chasseur fondamentalement différentes. En effet, les crânes du Petit-Chasseur correspondent certainement, même s'ils ont subi un traitement ultérieur, à des restes d'animaux préalablement consommés et rejetés avec d'autres vestiges culinaires. Les corps des moutons de Sion-Ritz, par contre, ne correspondent en aucun point à des restes de type culinaire.

Dans l'Oise (France), les fossés de Boury-en-Vexin contenaient de nombreux squelettes d'animaux domestiques déposés plus ou moins entiers (Méniel 1987). Le contexte est comparable chronologiquement (Chasséen), ainsi que par le fait qu'il s'agissait de dépôt d'animaux "complets" dans deux structures creuses formant des fossés. Parmi les diverses espèces déterminées, les moutons et les chèvres sont les mieux représentés, et de nombreux individus très jeunes (nouveaux-nés) ont été découverts. Parallèlement, les individus inhumés semblent être représentatifs de la structure d'un troupeau. Néanmoins, ces dépôts diffèrent de celui de Sion-Ritz en plusieurs points : la forme des excavations en fossé semble avoir une fonction particulière et la stratigraphie montre une succession de structures où les dépôts animaux ont une position intermédiaire ; toutes les espèces domestiques sont présentes ; et surtout, quelques traces de découpe, bien que très discrètes, ont été repérées sur certains ossements et certains sujets étaient privés de leurs pieds.

11-Synthèse

Parmi les 52 structures creuses fouillées dans la couche d'habitat néolithique moyen de Sion-Ritz, la fosse 22 représente un cas unique par la nature de son contenu. Malgré une très forte érosion due à des activités torrentielles, un minimum de quinze caprinés domestiques, dont six identifiés comme moutons et aucun comme chèvre, y ont été mis au jour. De très jeunes à sub-adultes, ces animaux sont extrêmement graciles et les plus âgés sont de petite taille.

L'ensemble des observations et descriptions effectuées sur les squelettes, plus précisément l'absence de traces de découpe et / ou d'abattage, la supposition qu'aucune partie anatomique n'a été prélevée sur les corps, la crémation partielle des cadavres, et finalement leur inhumation – peut-être partielle – sans arrangement particulier dans une fosse, nous a aidé à poser un choix d'hypothèses. Selon le scénario le plus vraisemblable, et malgré une absence d'arguments directs tels que des analyses bactériologique et sédimentologique, la structure aurait été creusée spécialement dans le but d'enterrer un groupe de caprinés morts naturellement (peut-être à la suite d'une épizootie), préalablement brûlés sur un bûcher à l'extérieur de la fosse.

Ces propositions d'interprétations restent bien sûr hypothétiques en l'absence de preuves formelles. Néanmoins, la découverte de cette fosse et des individus qu'elle contenait contribue significativement à la connaissance des moutons néolithiques de la haute vallée du Rhône, ainsi que des modalités de traitement des animaux morts.

V - APPORTS DE L'ÉTUDE ARCHÉOZOOLOGIQUE DE SION-RITZ À LA CONNAISSANCE DE L'ÉLEVAGE OVIN ET CAPRIN DANS LE NÉOLITHIQUE ALPIN

1-Sur l'importance de l'élevage ovin et caprin

Le site de Sion-Avenue Ritz, exceptionnellement riche en informations sur les ovins grâce au dépôt de la fosse 22, permet d'utiliser quelques données issues de l'étude archéozoologique au service d'interprétations de type démographique et technique (élevage).

Les résultats sur l'estimation des âges d'abattage obtenus pour les restes osseux retrouvés dans les "fosses dépotoir" permettent de dire que la majorité des ovins-caprins étaient utilisés pour leur viande adultes, et plutôt après 4 ans : quatre individus de plus de 4 ans ont été recensés, contre un de moins de 6 mois, un entre 6 mois et 1 an, aucun entre 1 et 4 ans. Pour le Néolithique moyen valaisan, ce type d'exploitation, s'il est possible de le considérer ainsi au vu des faibles effectifs archéologiques, correspond à celui observé au Petit-Chasseur II (Chaix 1976), et dans une moindre mesure à Saint-Léonard/Sur le Grand Pré, où la majorité des animaux sont abattus entre 2 et 4 ans (*ibid.*) ; il correspond également à celui de l'habitat néolithique final de la Gillière, où six individus ont plus de 4 ans, trois entre 2 et 4 ans et quatre entre 1 et 2 ans (Sidi-Maamar 1996)[10].

A Sion-Ritz, le capriné très âgé (voir chap. II) est en outre un témoin d'une exploitation qui vise à conserver des individus jusqu'à un âge très avancé, peut-être comme reproducteurs. Enfin, l'identification de fœtus (mort-né ?), découvert en contexte de rejet de déchets, nous renseigne sur l'éventualité de problèmes zootechniques.

Néanmoins, les données obtenues sur les restes de caprinés des "fosses dépotoir" sont trop maigres pour se risquer à les interpréter en termes de type d'exploitation de ce cheptel (ovin et en moindre mesure caprin) : intérêt principal pour le lait, la laine, la viande ? L'unique information retenue, apportée par la présence de traces de découpe sur plusieurs ossements (voir chap. II), assure l'hypothèse de la consommation des animaux.

La fosse 22 apporte par contre des données mieux interprétables en termes de démographie du cheptel ovin.

En effet, contrairement aux restes découverts dans les autres structures creuses, le dépôt des moutons de cette fosse correspond à un évènement précis et chronologiquement restreint. Il ne dépend en outre pas d'un déterminisme culturel régissant les critères d'abattage et de rejet des déchets, comme c'est le cas pour les autres fosses. Il peut donc être interprété comme un ensemble cohérent en termes de démographie.

---

[10] Voir également Chenal-Velarde 2000, figure 2, pour les courbes d'abattages des sites néolithiques valaisans.

Sachant que la fosse 22 a été fortement érodée, le nombre de 15 individus déterminés est minimum. De plus, la distribution des âges, faisant apparaître des individus très jeunes à sub-adultes, est différente de celle des "fosses dépotoir" (majorité de caprinés de plus de 4 ans). Ces deux arguments montreraient que, si nous sommes en présence d'une épizootie ayant décimé des individus d'un même troupeau, il ne s'agit pourtant certainement pas d'un troupeau entier.

En considérant donc qu'il manque quelques individus adultes, et que peut-être tous les jeunes ne sont pas morts suite à l'épizootie, nous pouvons proposer un recensement ovin du (ou de l'un des) troupeau(x) de Sion-Ritz s'élevant à au moins une vingtaine de têtes. En termes de gestion du troupeau ovin, la composition en différentes classes d'âge pourrait nous renseigner sur les types d'effectifs manquant dans cette partie de troupeau.

D'après Luquet *et al.* (1978), le rapport "moins de 1 an / plus de 1 an" dans un troupeau ovin est de 50 %. Dans la fosse 22 de Sion-Ritz, 8-9 individus sur 15 ont moins de 1 an. Cette composition pourrait donc correspondre à un petit troupeau, si ce n'est que deux ou trois adultes (brebis et / ou bélier) devraient être rajoutés. Dans un élevage destiné à la production de viande d'agneau, et donc composé de 77 % de ces derniers, 19,5 % de brebis, 2,5 % de jeunes mâles castrés et 1 % de béliers (d'après Marmet 1971), nous devrions par contre ajouter au moins trois jeunes de moins de 1 an au nombre d'animaux présents dans la fosse. Cependant, ce type de gestion (abattage des agneaux) n'est certainement pas applicable au Néolithique de Sion-Ritz, puisque les éléments osseux retrouvés dans les "fosses dépotoir" et considérés comme restes de boucherie, appartenaient majoritairement à des caprinés de plus de 4 ans.

2-Sur les connaissances zootechniques au Néolithique

Quelque soit la cause pathologique à l'origine de la mort rapide des ovins retrouvés dans la fosse 22, l'hypothèse d'une épizootie dans le troupeau, qu'elle soit d'origine infectieuse ou parasitaire (Luquet *et al.* 1978), tout comme la probabilité d'avortement des brebis (fœtus des fosses 3 et 6) interrogent sur les capacités de l'homme néolithique à élaborer des méthodes prophylactiques contre les infections et les parasitoses, ainsi que sur les méthodes d'élevage, les conditions de captivité et de nutrition.

Des "bergeries" insalubres associées à des pratiques d'élevage ovin peu hygiéniques ont persisté au moins jusqu'au siècle dernier (Denis, 1992), et dans certains cas encore actuellement. En effet, de nombreuses références du 19e siècle montrent qu'il était pratique courante dans tous les milieux ruraux de jeter dans une fosse creusée à cet effet, de brûler et / ou de verser de la chaux vive sur des bêtes mortes à la suite de maladie ou d'épidémie dans un troupeau. Encore maintenant, en dépit de l'obligation de remettre les animaux morts dans ces conditions aux services d'équarrissage, certains éleveurs perpétuent de telles pratiques, moins onéreuses.

Dans le cas de Sion-Ritz, l'imprécision de la détermination des causes de la mort des moutons de la fosse 22 ne permet pas de déterminer les conditions dans lesquelles ils étaient maintenus, particulièrement durant l'hivernage. Les possibilités d'épizooties avancées pour interpréter ce dépôt (par exemple gastro-hépato-entérotoxémies, hépatite infectieuse nécrosante), invitent cependant à penser que des conditions d'hygiène douteuse, et probablement des conditions de stabulation non appropriées sont à l'origine de la mort des jeunes individus inhumés.

Les différents auteurs du 19e siècle cités par Denis (1992)[11] critiquent les bergeries insuffisament ou pas du tout ventilées et l'accumulation de fumiers, dans le but d'augmenter la chaleur pendant l'hiver, qui *"loin d'être utiles aux bêtes à laine, leur sont très nuisibles, parce qu'en les renfermant on les rend sujettes à plusieurs maladies, causées par un air échauffé et chargé de vapeurs nuisibles et de l'infection des fumiers. "* (Daubenton, 1820). Les caprinés de Sion-Ritz auraient-ils été élevés dans des conditions semblables ? Les précautions prises pour les inhumer et la maladie les ayant probablement décimés, ainsi que la période des décès, laissent tout au moins supposer un hivernage à l'intérieur d'une "bergerie", tout comme des techniques de maintenance mal adaptées.

---

[11] Lefèvre (1837), Gayot (1865), Daubenton (5e édition, 1820), etc.

VI - CONCLUSION GÉNÉRALE

Au terme de cette étude archéozoologique, nous pouvons affirmer que, malgré la forte érosion ayant fait disparaître tous les témoins de surface de ce village néolithique moyen, des informations très concrètes ont pu être tirées des vestiges osseux contenus dans les structures creuses de Sion-Avenue Ritz.

Si les résultats quantitatifs ne font que confirmer, par rapport aux autres sites néolithiques valaisans, que les animaux domestiques et principalement les caprinés occupent une place primordiale, presqu'exclusive, dans l'exploitation de la faune, l'analyse précise des restes de la fosse 22, où ont été découverts quinze squelettes partiels de moutons, nous apporte des informations complémentaires. Ainsi, l'étude de cet ensemble particulier nous questionne sur les causes d'une telle inhumation, nous apporte des informations de type qualitatif sur les modalités de traitement des animaux morts et, plus généralement, sur les capacités de l'homme à maîtriser les techniques d'élevage et de faire face aux conséquences d'une épizootie, si telle était l'origine de cet enterrement après crémation.

Certes, l'ensemble des interprétations sur la base des vestiges osseux, aussi bien pour les types d'exploitation du cheptel domestique qu'en ce qui concerne les techniques d'élevage, restent hypothétiques en l'absence de données plus fournies. Particulièrement pour la fosse 22, l'identification de l'éventuelle épizootie susceptible d'avoir décimé une partie d'un troupeau n'a malheureusement pu être établie, malgré les recherches faites auprès de paléopathologistes (C. Kramar et C. Baud) et de vétérinaires. Néanmoins, l'ensemble des données recueillies a permis d'aborder des problématiques sur l'élevage qui n'ont encore jamais pu être traitées pour le Néolithique valaisan.

En 2001, l'épidémie de fièvre aphteuse survenue dans la population ovine anglaise remet complètement à jour cette découverte et la manière de régler le traitement des cadavres animaux. La population humaine de Sion-Avenue Ritz était tout à fait consciente des possibilités de propagation d'une épizootie, et a pu choisir de ne pas consommer des individus morts, de les isoler, de les brûler et de les inhumer. Par comparaison avec l'épidémie actuelle, il nous paraît important de montrer – mais il aurait été nécessaire de pouvoir démontrer – que les villageois et éleveurs de Sion-Avenue Ritz étaient préoccupés par les conditions d'élevage et de salubrité relatives à leur cheptel domestique plus de 5000 ans avant le présent.

BIBLIOGRAPHIE

Barone R. 1976. *Anatomie comparée des mammifères domestiques*. Tome 1 : ostéologie. Paris : Vigot.

Baudais D., Brunier C., Curdy P., David-Elbiali M., Favre S., Gallay A., May O., Moinat P., Mottet M., Voruz J.-L., Winiger A. 1990. Le Néolithique de la région de Sion (Valais) : un bilan. *Bulletin du Centre genevois d'Anthropologie*, 1989-1990, 2 : 5-56.

Boessneck J., Müller H. H., Teichert M. 1964. *Osteologische Unterscheidungsmerkmale zwischen Schaf (Ovis aries Linne) und Ziege (Capra hircus Linne)*. Berlin : Akademie-Verlag. (Kühn-archiv, 78).

Chaix L. 1976. *La faune néolithique du Valais (Suisse)*. Thèse de l'Université de Genève. Genève : Imprimerie nationale.

Chaix L. 1977. Les moutons préhistoriques de la haute vallée du Rhône (Valais, Suisse). *Ethnozootechnie*, 21 : 71-78.

Chaix L. 1994. L'aurochs d'êtival et les aurochs de Franche-Comté. *In : Aurochs, le retour. Aurochs, vaches et autres bovins de la Préhistoire à nos jours*. Lons-le-Saunier : Centre jurassien du Patrimoine, pp. 67-75.

Chenal-Velarde I. 1998. Une fosse pour des moutons néolithiques à Sion-Ritz (Valais, Suisse). *In : C. Arias et al. Actes du XIIIe Congrès de l'Union Internationale des Sciences Pré- et Protohistoriques (U.I.S.P.P.)*. Forlí, 8-14 sept. 1996. Forlí : ABACO. Vol. 1, pp. 455-463.

Chenal-Velarde I. 2000. Eléments sur la gestion des troupeaux ovins au Néolithique dans les Alpes valaisannes (Suisse). *Ibex, Journal of Mountain Ecology*, 5 : 99-107.

Chenal-Velarde I. 2001. Des festins à l'entrée du temple ? Sacrifices et consommation des animaux à l'époque géométrique dans le secteur du temple d'Apollon à Erétrie, Grèce. *Archaeofauna*, 10 : 25-35.

Chenal-Velarde I., Chenevoy M.-H. A paraître. *Exploitation des animaux à Sion-sous-le-Scex entre le Néolithique ancien et le Bronze final*.

Chenal-Velarde I., Studer J. A paraître. Archaeozoology in a ritual context : the case of a sacrificial altar in Eretria (Greece), Geometric Period. *In : Actes du colloque "Zooachaeology in Greece : recent advances"*. Athènes, 9-11 sept. 1999.

Clutton-Brock J., Dennis-Bryan K., Armitage P. L., Jewell P. A. 1990. Osteology of the Soay sheep. *Bulletin of the British Museum of Natural History (Zool.)*, 56, 1 : 1-56.

Davis S. 1996. Measurements of a group of adult female Shetland sheep skeletons from a single flock : a baseline for zooarchaeologists. *Journal of Archaeological Science*, 23 : 593-612.

Denis B. 1992. Aperçu historique sur le logement des ovins. *Ethnozootechnie*, 51 : 29-40.

Desse J., Chaix L. 1991. Les bouquetins de l'Observatoire (Monaco) et des Baoussé Roussé (Grimaldi, Italie) : troisième partie : stylopodes, zeugopodes, calcanéus et talus. *Bulletin du Musée d'Anthropologie préhistorique de Monaco*, 34 : 51-73.

Fernández H. 2001. *Ostéologie comparée des petits ruminants eurasiatiques sauvages et domestiques (genres* Rupicapra, Ovis, Capra *et* Capreolus*) : diagnose différentielle du squelette appendiculaire.* Genève : Thèse de doctorat de l'Université de Genève.

Gilchrist R., Mytum H. 1986. Experimental archaeology and burnt animal bones from archaeological sites. *Circaea*, 4 : 29-39.

Grant A. 1982. The use of tooth wear as a guide to the age of domestic ungulates. *In* : B. Wilson, C. Grigson and S. Payne. *Ageing and sexing animal bones from archaeological sites*, 691-108 (BAR British Series, 109).

Habermehl K.-H. 1975. *Die Alterbestimmung bei Haus- und Labortieren. Berlin und Hamburg.* Berlin und Hamburg : Paul Parey.

Hatting T. 1995. Sex related characters in the pelvic bone of domestic sheep (*Ovis aries* L.). *Archaeofauna*, 4 : 71-76.

Hausser J. (ed.). 1995. *Mammifères de la Suisse.* Basel : Birkhäuser Verlag.

Jewell P. A., Grubb P. 1974. The breeding cycle, the onset of œstrus and conception in Soay sheep. *In* : P. A. Jewell, C. Milner and J. Morton Boyd. *Island survivors : the ecology of Soay sheep of St Kilda.* London : The Athlone Press, 224-241.

Luquet F., Berney F., Brice G., Cournut J., Delahaye J., Des Touches C., Gilbert L., Gugger R., Jardon C., Laidet M., Lecloux J.-M., Leimbacher F., Maitre C., Manno J.-M., Marchand G., Perret G., Peyraud D., Van Quackebeke E. 1978. *L'élevage ovin.* Paris : Hachette. (Nouvelle Encyclopédie des Connaissances agricoles).

Marmet R. 1971. *La connaissance du bétail*, t. II. Paris : J. Baillière et fils. (Collection d'enseignement agricole).

Méniel P. 1987. Les dépôts d'animaux du fossé chasséen de Boury-en-Vexin (Oise). *Revue archéologique de Picardie*, 1/2 : 3-26.

Méniel P., Arbogast R.-M. 1991 . Un programme de mesure sur les moutons Soay de Butser Farm et ses applications à l'archéozoologie. *In* : *Archéologie expérimentale, tome 2 : la terre.* Actes du Colloque international "Expérimentation en archéologie : bilan et perspectives", Beaune, 6-9 avril 1988. Paris : Errance, 212-217.

Payne S. 1985. Morphological distinctions between the mandibular teeth of young sheep, Ovis, and goats, Capra. *Journal of Archaeological Science*, 12, 139-147.

Poplin F. 1995. L'homme et l'animal dans le bûcher de Patrocle (Illiade, XXIII). *Anthropozoologica*, 21 : 253-265.

Sauter M.-R., Gallay A., Chaix L. 1971. Le Néolithique du niveau inférieur du Petit-Chasseur à Sion, Valais. *Annuaire de la Société suisse de Préhistoire et d'archéologie*, 56 : 17-76.

Shipman P., Foster G. F., Schoeninger M. 1984. Burnt bones and teeth : an experimental study of colour, morphology, crystal structure and shrinkage. *Journal of Archaeological Science*, 11 : 307-325.

Sidi-Maamar H. 1996. *Approche paléoécologique et paléodémographique de la faune néolithique (moyen et final) de la Gillière*. Manuscrit non publié.

Teichert M. 1975. Osteometrische Untersuchungen zur Berechnung der Widerristhöhe bei Schafen. *In* : Clason A. T. (ed.). *Archaeozoological studies*. Amsterdam, Oxford : North-Holland Publishing Company, 51-69.

INDEX DES FIGURES

Fig. 1 : Plan général du site, phase d'habitat Cortaillod.

Fig. 2 : Assemblage faunique total de Sion-Ritz.

Fig. 3 : Incisions sur la face externe d'une mandibule de bœuf.

Fig. 4 : Proportions de caprinés domestiques indéterminés, de moutons et de chèvres en associant ou non la fosse 22.

Fig. 5 : Demi-mandibule de capriné très âgé (dents fortement abrasées) pathologique (abcès).

Fig. 6 : Fragments de chevilles osseuses de mouton (à gauche) et de chèvre (à droite).

Fig. 7 : Comparaisons de la taille du talus entre les moutons de Sion-Ritz, des Shetland et des Soay actuels.

Fig. 8 : Comparaisons de la taille des phalanges 1 postérieures entre les moutons de Sion-Ritz et des Soay actuels.

Fig. 9 : Comparaison de la taille de deux métatarsiens de moutons adultes et un juvénile.

Fig. 10 : Arrière crânes de chèvre (à gauche) et de bouquetin (à droite).

Fig. 11 : Restes crâniens, vertébraux et d'os longs de fœtus de capriné probablement avorté.

Fig. 12 : Diaphyses de deux radius de capriné brisés probablement pour en retirer la moelle.

Fig. 13 : Extrémité de patte postérieure de mouton en connexion anatomique.

Fig. 14 : Incisions sur un stylo-hyoïde gauche de capriné.

Fig. 15 : Crânes de moutons découpés au niveau de la suture entre pariétal et frontaux.

Fig. 16 : Traces de découpe sur le processus jugulaire droit d'un occipital et sur un fragment d'atlas de porc.

Fig. 17 : Traces de désarticulation sur un humérus droit d'aurochs.

Fig. 18 : Fracturation longitudinale antéro-postérieure d'un radius d'aurochs.

Fig. 19 : Tibia droit d'ours brun portant la marque d'incisives de rongeur sur son épiphyse distale.

Fig. 20 : Exemples de traces laissées par les radicelles sur la surface des os.

Fig. 21 : Phalange 2 de capriné attaquée par les sucs digestifs, vraisemblablement de carnivore.

Fig. 22 : A gauche : pointe sur métacarpe de capriné ; à droite : pointe sur métapode de capriné.

Fig. 23a et b : Incisive droite de petit ruminant, certainement de capriné, débarrassée de son émail et probablement polie en surface.

Fig. 24 : Fragment d'os dense (métacarpien rudimentaire de capriné ?) travaillé sur sa circonférence.

Fig. 25 : Assemblage faunique des fosses de l'habitat.

Fig. 26a et b : Proportions d'espèces domestiques et sauvages.

Fig. 27 : Représentation des espèces déterminées en pourcentages du nombre de restes.

Fig. 28 : Répartition du nombre de restes par structure.

Fig. 29 : Répartition du poids total des restes par structure.

Fig. 30 : Répartition différentielle des restes osseux (en nombre de restes) par structure et par catégorie de taille des animaux.

Fig. 31 : Rapport poids des restes / nombre de restes de chaque structure.

Fig. 32 : Nombre de restes par partie anatomique et par espèce ou groupe d'espèces.

Fig. 33 : Représentation des parties anatomiques chez les caprinés (a), les bovinés (b) et les suidés (c).

Fig. 34 : La fosse 22 au premier décapage.

Fig. 35 : Plan de la fosse 22 au premier décapage.

Fig. 36 : Plan de la fosse 22 au deuxième décapage.

Fig. 37 : Plan de la fosse 22 au troisième décapage.

Fig. 38 : Fosse 22 : regroupement des vestiges des individus 1 et 9.

Fig. 39 : Fosse 22 : regroupement des vestiges des individus 2 et 15.

Fig. 40 : Fosse 22 : regroupement des vestiges des individus 3 et 13.

Fig. 41 : Fosse 22 : regroupement des vestiges des individus 4, 8 et 10.

Fig. 42 : Fosse 22 : regroupement des vestiges des individus 5 et 6.

Fig. 43 : Fosse 22 : regroupement des vestiges des individus 7 et 11.

Fig. 44 : Fosse 22 : regroupement des vestiges des individus 12 et 14.

Fig. 45 : Identification des restes osseux de la fosse 22.

Fig. 46 : Comparaison entre les atlas de l'individu 1 (environ 3 ans) et de l'individu 4 (environ 2 mois).

Fig. 47 : Reconstitution du squelette de l'individu 4 (environ 2 mois).

Fig. 48 : Reconstitution du squelette de l'individu 8 (environ 3 ans).

Fig. 49 : Mesures montrant la similitude de taille de l'atlas des individus 1 et 2.

Fig. 50a : ossements conservés pour les individus 1 à 4.

Fig. 50b : ossements conservés pour les individus 5 à 8.

Fig. 50c : ossements conservés pour les individus 9 à 12.

Fig. 50d : ossements conservés pour les individus 13 à 15 et compilation de la totalité des parties anatomiques découvertes.

Fig. 51 : Classification des moutons en fonction de leur âge de décès.

Fig. 52 : Estimation de la période de décès des moutons en considérant qu'ils sont tous nés au mois d'avril.

Fig. 53 : Plage de naissance des agneaux en acceptant la simultanéité de la mort des moutons de la fosse.

Fig. 54 : Fréquence des parties anatomiques brûlées.

Fig. 55 : Vertèbre lombaire brûlée sur le sommet de l'apophyse dorsale (individu 5).

Fig. 56 : Traces de brûlure sur la face externe des épiphyses distales d'un tibia et d'un humérus.

Fig. 57 : Traces de brûlure sur un membre antérieur de mouton.

Fig. 58 : Fragment de membre postérieur carbonisé.

Fig. 59 : Répartition, sur un squelette de mouton, des traces de brûlure observées.

Fig. 60 : Répartition des os brûlés dans la fosse 22.

ANNEXES

QUELQUES RÉFLEXIONS SUR LA MORTALITÉ EN ÉLEVAGE OVIN

Par Olivier Putelat[1]

1. Introduction

Berger de formation, éleveur de moutons, de chèvres et de bovins en Bourgogne depuis vingt-quatre ans, nous avons été amenés à pratiquer l'archéologie. Parallèlement à notre métier d'éleveur, nous nous sommes spécialisés en archéozoologie. Nous nous livrons ici à quelques réflexions sur la fosse 22 de Sion-Ritz (voir Chenal-Velarde, même volume), basées sur notre expérience de l'élevage actuel.

La bonne conduite d'un élevage oblige à limiter autant que possible les pertes d'animaux. Face à un taux de mortalité incompressible ou à des pertes catastrophiques, un travail d'analyse doit toujours être mené : les conditions d'élevage d'ambiance et d'alimentation sont examinées, les décès étudiés par le biais d'autopsies ou d'analyses.

Sous cet angle de vision, les données ostéologiques et démographiques de la fosse 22 amènent les questions suivantes : lorsque des charniers d'animaux ne livrent aucune trace de mise à mort, de prélèvement du cinquième quartier ou de découpe, que les carcasses sont complètes ou sub-complètes, doit-on nécessairement imputer ces décès à des épizooties ? D'autres causes, non infectieuses ou non contagieuses, sont-elles envisageables ?

Nous évoquons successivement les points qui nous paraissent marquants dans ce dépôt, certaines constantes dans la manière de traiter les cadavres animaux à travers les siècles et quelques causes fréquentes de mortalité du bétail. Nous tentons également de proposer plusieurs hypothèses sur les causes du décès des ovins de cette fosse, étant entendu que nous sommes dans l'ignorance des données paléo-environnementales et qu'en l'absence de traces ou de pathologies osseuses il ne nous paraît pas possible de trancher en faveur d'une solution précise.

---

[1] La Ferme des Thillots, 21350 Beurizot.

2. Le dépôt, caractéristiques et axes de réflexion

Les caprinés de cette fosse sont essentiellement des ovins (voir Chenal-Velarde, même volume, chap. IV) ; la chèvre n'étant pas formellement mise en évidence, par commodité nous considérerons tous ces caprinés comme étant des moutons. Cette légère approximation est sans incidence sur notre raisonnement qui ne traite pas de l'aspect économique de la production des animaux. Les modes d'élevage et les pathologies de ces deux espèces sont sensiblement les mêmes ; les différences de pathologies les plus évidentes entre caprinés sont globalement plus liées au mode d'exploitation des animaux qu'à leur espèce. La répartition des âges des animaux de la fosse 22 au moment de leur décès nous incite à les regrouper en trois ensembles.

2.1. Les "agneaux et agnelles" de lait

Ces six jeunes, âgés de un à trois mois, très probablement nés au début du printemps ainsi que le suppose Isabelle Chenal-Velarde (chap. IV), représentent une partie de l'avenir du troupeau. Dans cette classe d'âge, on peut trouver les futurs reproducteurs, mâles ou femelles éventuellement traites, les castrés ou futurs moutons castrés *porte-laine* et les futurs sujets de boucherie.

L'alimentation des jeunes obéit sommairement au schéma suivant : l'agneau se nourrit exclusivement du lait de sa mère durant les 15 premiers jours, il commence à manger quelques brins de fourrage (vert ou sec) dès l'âge de trois semaines et commence ainsi à installer le processus de la rumination. En élevage à l'herbe on s'accorde à sevrer les agneaux à partir de 100 jours (Regaudie et Reveleau, 1977) ; en début d'été le ralentissement de la pousse de l'herbe et sa moindre valeur alimentaire entraînent le tarissement progressif des brebis, le sevrage des agneaux s'effectue alors quasi naturellement entre 100 et 120 jours.

Compte tenu de l'âge des jeunes de la fosse 22 et de leur mort présumée en mai-juin, soit en pleine pousse de l'herbe, il nous paraît possible d'affirmer que ces agneaux et agnelles n'étaient pas sevrés au moment de leur décès.

2.2. Les antenais et antenaises

Le statut de ces trois animaux, âgés de neuf à quinze mois, dépend principalement de leur sexe et du mode d'élevage. Si le schéma productiviste actuel de mises bas précoces des moutons et des chèvres n'était pas nécessairement la règle à Sion-Ritz, il n'en reste pas moins que, bien qu'immature du point de vue de l'ossification de son squelette, une jeune agnelle ou chevrette est susceptible d'avoir une première saillie fécondante dès l'âge de cinq à sept mois (Quittet, 1969, 1975), soit une mise bas à l'âge d'un an.

Une relation très forte existe entre le poids des animaux lors de la première mise bas et leur taille en tant qu'adultes (Putelat, 2001). Ce poids minimum à la mise bas dépend lui-même de l'état corporel de la jeune femelle lors de la *lutte*. Les deux moyens de garantir un état satisfaisant à ce stade sont, soit de maintenir une alimentation suffisante et sans rupture pour une mise bas à douze mois, soit de retarder cet événement à l'âge de vingt-quatre mois. Les méthodes les plus sûres de contrôle des naissances sont de limiter au maximum le nombre de reproducteurs mâles potentiels, soit par une mise en boucherie précoce, soit par la castration, et de bien surveiller les béliers.

2.3. Les adultes

Le terme d'adulte caractérise ici des animaux en situation d'extérioriser pleinement un potentiel de production, étant moins soumis à des besoins de croissance. Cette notion est sensiblement différente de la maturité squelettique. Les six adultes présents, âgés de vingt-quatre à quarante deux mois, comprennent au moins deux femelles. Outre la gracilité de ces individus, démontrée par Isabelle Chenal-Velarde, nous sommes frappés par l'absence d'animaux très âgés. Qu'ils soient mâles ou femelles les animaux présents sont dans la "fleur de l'âge", le fleuron du troupeau. A titre indicatif, en élevage moderne la réforme des ovins et caprins est envisagée à partir de l'âge de cinq ans, souvent effective dès sept ans.

2.4. Les traits marquants

Les axes de recherche concernant les causes de mortalité de ces animaux nous paraissent pouvoir s'appuyer sur les constats suivants :

- Le caractère mono-spécifique du dépôt est établi et le lot d'animaux est numériquement important. En faisant abstraction du décès des six agneaux, le décès des neufs individus subadultes à adultes peut être comparé au taux *normal* de mortalité annuel des adultes d'un troupeau moderne de cent têtes.

- Toute action anthropique concernant la mise à mort est écartée ; l'homme n'intervient ici que dans la mise en œuvre du dépôt et dans sa crémation.

- La mortalité observée peut avoir eu un effet simultané, c'est l'hypothèse que nous privilégions ; elle concerne un groupe homogène composé de jeunes et de jeunes adultes, reproducteurs potentiels et peut-être animaux castrés. La pyramide des âges de ce groupe est écrêtée par l'absence d'animaux âgés ; cette anomalie peut conforter l'idée d'une destruction seulement partielle du troupeau (Chenal-Velarde, 2001).

- La crémation des animaux est établie, aucune trace de rubéfaction des parois de la fosse n'est toutefois décrite. La présence de charbons mêlés aux ossements suffit-elle à caractériser le caractère primaire du dépôt ? Il est cependant possible qu'une éventuelle rubéfaction ait été lessivée, qu'elle n'ait pas été observée au cours de la fouille rapide, ou encore que le feu établi sur les corps n'ait pas marqué durablement les parois de la fosse. Le fait que les traces de brûlures concernent des os non décharnés, tenant compte toutefois de leur provenance des parties les moins charnues du squelette, incite à penser avec l'auteur de l'étude à une certaine importance du *brasier* et à y voir une portée peut-être aussi symbolique que prophylactique. Ce feu conjure-t-il une maladie aux symptômes effrayants ou traite-t-il des carcasses répugnantes ?

3. Accidents et épizooties...

Les causes de mortalité des ovins se déclinent, hélas, à l'infini. Chez cette espèce, l'impact de maladies ou d'accidents souvent communs à l'ensemble des ruminants est fréquemment aggravé par la vie grégaire ou les mouvements de panique. Nous évoquons dans les lignes qui suivent les causes les plus répandues de décès des moutons, nous limitant à la présentation des plus connues ou de celles qui sont les plus susceptibles de correspondre à la mort des animaux de la fosse 22 : accidents ; maladies spécifiques de l'espèce, foudroyantes, à incubation courte ou régulière. Ces raisons nous paraissent relever de cinq grandes catégories non exhaustives ; la mise en boucherie n'est pas évoquée ici.

3.1 Les accidents

Les accidents peuvent avoir des origines diverses et sont, dans l'ensemble, liés aux aléas du quotidien. Les ovins sont particulièrement sensibles aux pièges naturels (mort sur le dos, noyade) ; en contexte normal ces décès ne touchent toutefois que des individus isolés.

Bien qu'assez rares les risques de foudroiement existent, leur portée dépasse toujours le cadre de l'individu et peut concerner l'ensemble d'un groupe. L'effet "troupeau" en aggrave les conséquences, les moutons serrés les uns contre les autres, à l'abri d'un arbre sont en effet parfois touchés en totalité ; la tradition populaire décrit des brûlures sur les extrémités (nous en ignorons la portée ostéologique) et la viande est réputée inconsommable car très rapidement putréfiée.

Les risques évoqués ci-dessus sont bien réels, ils nous paraissent cependant de portée moindre que le fléau représenté par les chiens errants. L'attaque de chiens, cauchemar de l'éleveur, concerne généralement le troupeau ou le lot, et non l'individu. A la différence de la prédation des animaux sauvages, les chiens ne tuent pas pour se nourrir. Le scénario est généralement toujours le même : seul, ou en petit groupe, le chien échappe à la surveillance de son maître. Il arrive que les moutons attirent l'attention d'un chien, jusqu'alors indifférent, en se regroupant ou en prenant la fuite. Le chien mordille *par jeu* au jarret ou au gigot, s'affole et le carnage commence. Parfois les moutons s'effondrent d'eux-mêmes, fauchés par le stress. Nous avons été personnellement à plusieurs reprises confrontés à ce type de problème. Une attaque, menée par deux chiens de forte taille (Briard et Chien des Pyrénées) durant deux ou trois heures, a concerné un lot d'une soixantaine de têtes ; une quinzaine de brebis a été tuée sur-le-champ, directement ou indirectement par noyade. Une quantité égale d'animaux a survécu, portant des plaies au cou et aux gigots. Ces plaies, excessivement difficiles à soigner, étaient caractérisées par leur profondeur, par la dégradation des muscles broyés, par le décollement de vastes étendues de peau favorisant le développement de bactéries anaérobies et l'évolution gangreneuse. Ces morsures, localisées sur les parties charnues, n'ont pas, à notre souvenir, eu d'implications ostéologiques.

3.2. Les maladies

La présentation ci-dessous ne recense qu'à titre d'exemple les maladies les plus répandues et n'a aucun caractère limitatif. Certaines pathologies anciennes peuvent ne pas nous être parvenues, disparues ou éradiquées ; à l'inverse, des formes actuelles pouvaient être inconnues à la période considérée.

3.2.1. Les maladies infectieuses

Un certain nombre de maladies infectieuses (brucellose, salmonellose), très contagieuses, ont pour effets principaux d'être la cause d'avortements. Certaines n'entraînent pas nécessairement une mortalité de masse des adultes qui sont plutôt agents de la contagion, d'autres peuvent être fatales. Ces maladies, très *médiatiques*, car contagieuses à l'homme, correspondent mal aux observations concernant l'hétérogénéité des classes d'âge des ovins de Sion-Ritz.
La fièvre aphteuse ou *cocotte*, se caractérise par sa virulence ; elle entraîne des convalescences longues et incomplètes, des non-valeurs économiques. La mortalité liée à cette affection est cependant principalement en rapport avec les mesures de police sanitaire (Audin, 2001).
Une pleuro-pneumonie très répandue en élevage ovin, la pasteurellose, concerne aussi bien les jeunes que les adultes. Elle revêt cependant une forme plus foudroyante chez le jeune de moins d'un mois, plus latente et sélective chez les adultes et semble donc mal correspondre à la notion de simultanéité des décès.

La rage vulpine est une maladie "tout public", la contamination d'un groupe par un même carnivore dans un court intervalle de temps est tout à fait possible ; la maladie semble présenter cependant des durées d'incubation variables selon les individus, un mois ou plus (Thillerot, 1977).

Le tétanos, toxi-infection *tellurique*, se caractérise par une incubation assez courte, 15 à 20 jours, et une mort rapide. Le développement de ce bacille dans l'organisme nécessite une *porte d'entrée*, souvent due à l'amputation de la queue ou à la castration (Richard et Yalcin, sans date). Ces opérations se réalisent en général sur de jeunes animaux, ici encore, la démographie des ovins de Sion-Ritz permet d'écarter l'hypothèse d'un décès lié au tétanos.

Les listes du code zoosanitaire international définissent des "*maladies transmissibles qui ont un grand pouvoir de diffusion et une gravité particulière*" (Office international des épizooties, 2000). La fièvre catarrhale, les pestes (peste bovine et peste des petits ruminants), etc, apparaissent épisodiquement en Europe. Toutes ces pathologies se caractérisent par des incubations courtes, une morbidité et une mortalité fortes. Elles sont susceptibles de provoquer des pertes considérables. Nous nous limiterons ici à présenter l'une d'elle, peut-être la plus connue, le charbon bactéridien.

Le charbon bactéridien ou fièvre charbonneuse, est dû à *Bacillus anthracis* ; il se caractérise par une transmission rapide et polymorphe. Ce germe *tellurique* (Thillerot, 1977), découvert par Davaine (1863), étudié par Koch (1876) et Pasteur (1877 ; 1881) forme des spores capables de résister 50 ans et plus dans le sol. Son mode de transmission le plus connu a été décrit par Pasteur. Constatant l'apparition en série de cas de charbon mortels chez les bovins et les ovins lors du pâturage de "champs maudits", il a démontré l'absorption par les ruminants de bactéridies charbonneuses, liées à l'enfouissement antérieur d'animaux morts du charbon, remontées en surface par les vers de terre et les bioturbations. Les mouches ainsi que certains charognards, tels les vautours, sont aussi invoqués comme responsables de la diffusion de la maladie entre zones géographiques non contiguës (Martzolff, 2000). Tous les auteurs s'accordent à reconnaître l'ampleur des pertes causées par cette maladie avant les travaux et vaccins de Pasteur.

Outre le fait qu'elle soit contagieuse à l'homme sous des formes cutanées ou pulmonaires, les symptômes en sont spécialement impressionnants chez les ruminants : mort foudroyante en quelques minutes ou quelques jours, excréments mêlés de sang, urine rouge, écoulements sanguinolents hors des orifices naturels d'un sang noir qui ne coagule pas, décomposition rapide (Richard et Yalcin, sans date ; Degois, 1985).

Par son large "spectre démographique" et son incubation courte et régulière qui occasionne des décès en masse, le charbon nous paraît pouvoir correspondre aux données de l'échantillon osseux de la fosse 22 de Sion-Ritz. Ses symptômes impressionnants, la putréfaction rapide des carcasses et la possible transmission à l'homme sont autant de raisons qui justifient une tentative de destruction des cadavres par le feu avant leur enfouissement.

3.2.2. Les maladies parasitaires

On a coutume de distinguer les maladies parasitaires externes et internes. Les parasitoses externes ne sont pas présentées ici. A de rares exceptions près (myases), leurs effets ne concernent pas le court terme. L'incidence du parasitisme sur l'élevage "ancien" est difficile à évaluer : le parasitisme croît avec les concentrations d'animaux, décroît avec l'extensification ; une certaine immunité semble acquise aux adultes envers certains parasites internes (ténias, strongles), encore faut-il que les animaux arrivent à l'âge adulte... Le tableau ci-dessous présente les principaux parasites internes des caprinés, leur cycle de développement ainsi que les animaux qu'ils lèsent le plus.

L'examen de ce tableau n'incite pas à attribuer la mort des caprinés de la fosse 22 à ces pathologies. Le seul parasite capable d'atteindre simultanément toutes les classes d'âge au printemps est la grande douve ; nous doutons cependant de la possibilité d'une infestation mortelle de grande douve en ce qui concerne les jeunes animaux de moins de 90 jours. De même, sans aborder le mythe du "bon sauvage", nous ne pouvons exclure que la pharmacopée des néolithiques ait contenu des vermifuges. Des cas individuels d'animaux anémiés par un fort parasitisme ou intoxiqués par les migrations des parasites dans l'organisme sont bien entendu possibles. Le plus grand danger du parasitisme interne concerne cependant l'affaiblissement insidieux de l'organisme ; la baisse des défenses immunitaires facilite alors la venue d'autres pathologies.

Parasite	Séjour dans l'organisme lors du cycle	Immunité des jeunes	Immunité des adultes	Divers
Coccidies	/	NON	OUI	Logement humide
Grande douve	60 à 90 jours	NON	NON	Prés humides
Petite douve	Au moins 10 semaines	NON	NON	Rare au printemps sur les jeunes de l'année
Strongles intestinaux	Au moins 3 semaines	NON	OUI	
Ténias	Moins de 12 semaines	NON	OUI	

Tab. 1 : Le parasitisme interne des caprinés (d'après Richard et Yalcin, sans date).

3.2.3. Les maladies métaboliques

Certaines maladies métaboliques qui ne concernent que des femelles gravides (toxémie de gestation) ou parturientes (fièvre vitulaire) sont à écarter des causes potentielles de décès des ovins de Sion-Ritz. En revanche, deux maladies de la nutrition peuvent être cause des décès étudiés ici :

- Les entérotoxémies se caractérisent par la pullulation de germes toxinogènes (welchia) dans l'appareil digestif à la faveur de déséquilibres alimentaires. En pleine pousse printanière, l'herbe se signale par sa richesse en matière azotée et sa faible teneur en matière sèche ; elle est donc très fermentescible et sa consommation doit être progressive et raisonnée. Il est possible que des animaux aient été amenés la panse vide, ou mal lestée, dans un parcours riche en herbe jeune et en légumineuses, par temps lourd et orageux. Des troubles métaboliques sont alors indiscutablement prévisibles, ils concernent les agneaux comme les adultes, s'adressent de façon privilégiée aux individus en bon état corporel (Regaudie et Reveleau, 1977) et sont d'une portée plus limitée chez les individus les plus âgés, plus maigres. Selon les formes et les agents de ces entérotoxémies, la mort peut être foudroyante ou demander quelques jours.

- La météorisation est due à un blocage de la rumination consécutif au pâturage excessif de plantes très fermentescibles (luzerne, trèfle). Lors du pâturage de légumineuses, cette indigestion mortelle qui concerne simultanément plusieurs individus peut être favorisée par des variations de pression atmosphérique ou par un stress.

3.2.4. Les empoisonnements

Des risques d'empoisonnements par l'absorption d'aliments moisis ou de végétaux sont réels chez les caprinés. Les plus fréquents ont lieu à l'automne (colchiques, surconsommation de glands) et ne sont *à priori* pas en cause dans le décès des ovins de la fosse 22.

4. Ailleurs et plus tard, aux époques gallo-romaine et médiévale

Au IIIème siècle après J.-C., dans l'actuelle Bourgogne, la destruction d'une villa gallo-romaine a entraîné le remblaiement de deux regards de l'aqueduc de la Faucaudrie à Malay le Grand, (Yonne). L'une de ces deux cheminées était comblée au moyen de matériaux mêlés aux carcasses d'un cheval et de trois bœufs. L'autre puits a livré les ossements de deux chèvres, deux porcs et un chien. Seuls les squelettes de cheval et de bœufs ont été démembrés, les chèvres et les porcs sont vierges de trace ; si ces huit animaux sont morts de mort *naturelle*, le chien a en revanche indiscutablement été consommé (Putelat, 2001).

Au haut Moyen Âge, une doline du site de Bure-Montbion, Jura suisse, a été comblée par les corps de cinq bovins et d'un chien, selon des modalités très semblables à celles de Sion-Ritz. Les bovins, partiellement démembrés pour être transportés, jetés pêle-mêle dans cette dépression, étaient remarquablement conservés. Leurs squelettes, quasiment complets, n'ont livré que de rares traces sans qu'aucune n'indique la mise à mort, le prélèvement de la peau ou la consommation des carcasses. De même qu'à Sion, un feu semble avoir été allumé au voisinage des animaux, sans toutefois avoir laissé de traces de rubéfaction ou même de brûlures sur les ossements (Saltel *et al.*, 2001).

5. Synthèse

Nous pensons que l'absence de squelettes d'animaux âgés dans cette fosse n'est pas fortuite, bien qu'il soit délicat de l'analyser clairement. L'image démographique de la fosse 22 reflète-t-elle la pyramide des âges du troupeau initial ? Montre-t-elle la gestion du troupeau ou met-elle en évidence des carences zootechniques qui induisent une faible longévité des individus ? Suggère-t-elle l'immunisation des plus âgés, leur moindre sensibilité aux variations de régimes alimentaires ?

Il nous semble plausible d'avancer que la jeunesse des individus traduit le caractère sélectif de cet échantillon. Dans cette hypothèse, l'origine accidentelle des décès (chiens, foudre) peut être écartée. Si la vision *apocalyptique* de pathologies foudroyantes (charbon anthrax, maladie inconnue…) n'est pas nécessairement à écarter, une pathologie de la nutrition semble être la piste la plus vraisemblable. Maladies des plus classiques, liées comme souvent en élevage à la négligence de petits détails, à l'accumulation d'approximations ou à la malchance, l'entérotoxémie ou la météorisation concernent en effet potentiellement tous les animaux présents dans la fosse 22 puisqu'ils sont en âge de brouter. Les symptômes de ces maladies peuvent revêtir des formes nerveuses (bave, convulsions), entraîner des hémorragies et une putréfaction rapide (Richard et Yalcin, sans date), les cadavres ont un aspect répugnant que nous ne nous risquerons pas à décrire plus avant.

Il est tout à fait concevable que, dans ces conditions, nul ne se soit aventuré à prélever les peaux ou à tenter de consommer ces viandes toxiques ; la pratique du feu et de l'enfouissement s'imposent alors (bien qu'à la lumière de nos connaissances actuelles les entérotoxémies ne soient pas contagieuses). Les flammes font barrage à la contagion, elles conjurent le saisissement des esprits lié à l'aspect des dépouilles et à l'ampleur de la mortalité ; une analyse anthracologique précisant les essences employées lors de la crémation confirmerait peut-être les buts réellement recherchés.

6. Conclusion : Sion-Ritz, une modernité brûlante...

Jusqu'à ces dernières années, le monde agricole et la société en général se satisfaisaient d'un *modus vivendi* quant à l'élimination des carcasses animales. La mise en évidence par Pasteur du rôle pathogène du bacille du charbon anthrax et du rôle joué dans la diffusion de cette maladie par les *champs maudits* a probablement jeté les bases du traitement moderne des cadavres animaux. En France, des syndicats agricoles forts ont obtenu et maintenu le ramassage gratuit des cadavres en échange tacite de la sécurisation de leur dépôt, stoppant ainsi la fâcheuse habitude de certains éleveurs de se débarrasser des carcasses dans toutes les cavités offertes par la nature : gouffres, lapiaz et dolines... Bon an mal an les sociétés d'équarrissages triaient et recyclaient les viandes, les cuirs et les os, au seul désagrément de leurs riverains, jusqu'au jour où, par mesure d'économie, on décida d'abaisser la température de stérilisation des farines animales avec les conséquences que l'on connaît. La nécessité absolue de se débarrasser de ces déchets spéciaux a abouti en France à la création d'une filière sécurisée d'élimination par les cimenteries, à l'étude d'une possible valorisation énergétique des farines de viande et des graisses animales (Anonyme a, 2000).

L'épizootie de fièvre aphteuse, dévoilée en Europe le 19 février 2001, a entraîné la multiplication des abattages de précaution, induisant ainsi le blocage total du système conventionnel de traitement des cadavres animaux. Le 9 mars 2001, l'élimination d'animaux potentiellement contaminés, en majorité ovins, était estimée à 50 000 animaux pour la France. La saturation des circuits de traitement, une probable volonté de limiter une propagation de la maladie due au transport des animaux, a entraîné des abattages et des incinérations sur les lieux d'élevage.

A cette occasion, à Bondues, près de Lille, un bûcher-tranchée de cent mètres de long a vainement tenté d'incinérer 600 moutons (Anonyme b, 2001) conférant ainsi à la fosse 22 de Sion-Ritz une modernité brûlante...

Bibliographie

Anonyme a 2000. Farines carnées. *Terres de Bourgogne*, Dijon, 572 : 4.

Anonyme b 2001. Fièvre aphteuse, pas de panique ! *Terres de Bourgogne*, Dijon, 585 : 2.

Audin V. 2001. La fièvre aphteuse. *Bulletin de l'Alliance Pastorale*, Montmorillon, 700 : 5-7.

Chenal-Velarde I. 2001. Éléments sur la gestion des troupeaux ovins au Néolithique dans les Alpes Valaisannes (Suisse). *Anthropozoologica*, 31 : 99-107.

Degois E. 1985. *Le Livre du Bon Moutonnier - Guide des bergers et des propriétaires de moutons.* 9ème édition. Paris : Flammarion. (La Maison Rustique).

Martzolff R. 2000. *Laine (maladie des trieurs de) ou maladie du charbon.* http://www.vulgaris-medical.com/textl/laine.htm

Office international des Epizooties 2000. *Code zoosanitaire international (2000).* http://www.oie.int

Putelat O. 2001. *Le mobilier ostéologique des vallées de la Mardelle et de la Vanne (Yonne), du Ier au VIIIème siècle après J.-C. Mémoire pour l'obtention du diplôme de l'École Pratique des Hautes Études.* Université de Bourgogne, Sciences de la Vie et de la Terre, Laboratoire de Paléobiodiversité et Préhistoire, Dijon.

Quittet E. (éd.). 1969. *Agriculture*, tome 3 (élevage), 15ème édition. Paris : Dunod.

Quittet E. (éd.). 1975). *La Chèvre, guide de l'éleveur.* Paris : Flammarion. (La Maison Rustique).

Regaudie R. et Reveleau L. 1977. *Le mouton.* Paris : Baillière. (Collection d'enseignement agricole.).

Richard Ch. et Yalcin N. Sans date. *Les maladies des moutons et leurs traitements*, 9 ème édition. Rambouillet : Noè.

Saltel S. *et alii. 2001. Le site de Bure-Montbion (Jura, Suisse). Fouilles 2000, rapport n° 87.* Porrentruy : Office du Patrimoine Historique. (Archéologie et Transjurane).

Thillerot M. 1977. *Hygiène vétérinaire*, 3 ème édition. Paris : Baillière. (Collection d'enseignement agricole).

DÉTERMINATION SPÉCIFIQUE DES RESTES OSSEUX DE CHÈVRE (*CAPRA HIRCUS*) ET DE MOUTON (*OVIS ARIES*) : APPLICATION AUX CAPRINÉS DU SITE DE SION-RITZ

Par Helena Fernández[1]

1. Introduction

Les restes osseux de caprinés domestiques sont fréquents dans les sites archéologiques, et la question de leur attribution au mouton (*Ovis aries*) ou à la chèvre (*Capra hircus*) se pose de manière récurrente pour des périodes et des régions très diverses. La discrimination de ces deux espèces est importante, car elles ont pu faire l'objet de modes d'exploitation distincts par les hommes du passé. En outre, les questions se rapportant à l'origine des premières formes domestiques de chèvre et de mouton ainsi qu'aux modifications morphologiques résultant du processus de domestication, loin d'être résolues, passent par une meilleure connaissance des caractères squelettiques propres à chacun des deux genres.

Les critères actuellement utilisés pour discriminer les éléments squelettiques de chèvre et de mouton procèdent essentiellement du travail fondamental de Boessneck *et al.* (1964). Par la suite, certains des caractères proposés ont été testés par d'autres auteurs, sur du matériel fossile ou actuel (Gabler 1985; Prummel & Frisch 1986; Clutton-Brock *et al.* 1990; Helmer & Rocheteau 1994; Buitenhuis 1995). Plus récemment, le problème de la discrimination des principaux éléments du squelette appendiculaire des deux espèces de caprinés domestiques a été abordé dans un contexte élargi à plusieurs espèces de petits ruminants eurasiatiques (Fernández 2001). Cette étude a permis de tester la validité des critères précédemment établis pour distinguer la chèvre du mouton, et a également abouti à la mise en évidence de nouveaux caractères discriminants.

La faune du site néolithique moyen de Sion-Ritz, situé dans le Valais central, comprend une proportion très importante de restes d'ossements de caprinés domestiques (Chenal-Velarde, même volume). Dans ce contexte, la détermination spécifique de certains des éléments postcrâniens a pu être réalisée à la lumière des résultats les plus récents concernant l'ostéologie comparée de la chèvre et du mouton (Fernández 2001). En particulier, les parties anatomiques qui participent à l'articulation du coude (distum huméral et épiphyses proximales du radius et de l'ulna) ainsi qu'à celle du genou (distum du fémur et proximum tibial) présentent une assez bonne conservation et sont bien

[1] Muséum d'histoire naturelle de Genève, Département d'Archéozoologie, C.P. 6434 CH-1211 Genève 6

représentées parmi les restes osseux; c'est pour ces éléments qu'une sélection des critères proposés ailleurs (Fernández *op. cit.*) est présentée dans ce qui suit.

2. Matériel et méthodes

Les résultats présentés ci-dessous sont basés sur l'examen de squelettes de chèvres et de moutons actuels appartenant à des races diverses (tab. 1 et 2). Le nombre exact de spécimens étudiés pour chacune des deux espèces varie en fonction des critères, mais il est généralement supérieur à 20. Le *sex-ratio* est biaisé en faveur des femelles, en particulier pour les individus les plus âgés. Les observations réalisées ont porté en majorité sur des éléments anatomiques complètement ossifiés mais également sur des pièces non épiphysées, ou en cours de fusion, pour lesquelles les caractères examinés étaient déjà bien différenciés. Les termes "adulte", "subadulte" et "jeune" sont utilisés afin de simplifier la description du stade d'ossification d'un élément anatomique. Ils ne se rapportent donc pas à l'âge de l'individu, mais ont été définis de la manière suivante:

Pour les spécimens dits "adultes", la soudure épiphysaire est complètement terminée.

Pour les spécimens dits "subadultes", seule l'une des épiphyses est complètement soudée à la diaphyse, alors que la fusion de l'épiphyse opposée (proximum ou distum) n'a pas débuté ou est en cours.

Pour les spécimens dits "jeunes", ni le proximum ni le distum ne sont complètement ossifiés.

PAYS	RACE ou ORIGINE	Nombre (maximum)
Soudan	Kerma	17
Suisse	Nez noir du Valais	6
Suisse, France	Diverses races	9
Autres	Diverses races	12
TOTAL		44

Tab. 1. Squelettes de moutons (*Ovis aries*) examinés dans le cadre de cette étude.

PAYS	RACE ou ORIGINE	Nombre (maximum)
Soudan	Nubienne	5
Suisse	Chamoisée	4
Suisse, France	Diverses races	15
Autres	Diverses races	6
TOTAL		30

Tab. 2. Squelettes de chèvres (*Capra hircus*) examinés dans le cadre de cette étude.

Les différents critères discriminants sont présentés successivement, à l'aide de tableaux accompagnés d'un texte explicatif; la numérotation définie précédemment (Fernández 2001) a été conservée. Chaque critère correspond à un caractère morphoscopique particulier qui peut présenter différents "aspects" ou "états". Par exemple, le caractère "bord crânial du capitulum" (critère HUMc4, p.125) peut présenter les aspects "plat", "intermédiaire" ou "courbe". Les aspects "plat" et "courbe" correspondent à deux états opposés dits "extrêmes"; ils sont en principe faciles à distinguer et non ambigus. L'aspect intermédiaire, par définition, est moins tranché. Les observations concernant chaque caractère ont été quantifiées et résumées dans les tableaux de fréquences: ces derniers présentent, pour chacune des deux espèces, les proportions des différents états possibles d'un caractère. Trois catégories d'états ont été mises en évidence, en fonction de leur fréquence d'apparition: *i)* inférieure à 10% (☐), *ii)* comprise entre 10% et 33% (▨) et *iii)* supérieure à 33% (▩). Lorsqu'un aspect donné est représenté exclusivement par des spécimens "jeunes" ou "subadultes", la proportion correspondante est suivie d'un astérisque (*). Les descriptions des états sont parfois précisées dans le texte et correspondent aux illustrations représentées dans les planches I-IV, où seuls les aspects extrêmes (et non les aspects intermédiaires) sont signalés par des flèches, avec indication des proportions obtenues. Dans les tableaux, les lettres A (pour *O.aries*) et B (pour *C.hircus*) précisent les aspects illustrés dans les planches pour chacune des deux espèces.

En l'absence de mention d'autres auteurs, les caractères présentés sont inédits. Dans le cas contraire, les résultats obtenus ont été comparés avec ceux des études précédentes. Les descriptions correspondant à ces dernières, généralement traduites de l'allemand ou de l'anglais, ont été quelque peu modifiées par rapport au commentaire original (et ce même lorsqu'elles sont citées entre guillemets). Afin de ne pas trop alourdir le texte, les travaux concernés, déjà cités en introduction, ne font pas l'objet d'une référence comportant la date de publication, mais les pages correspondant aux citations sont mentionnées.

3. Résultats: caractères discriminants

3.1. Humérus (distum)

Epicondyle médial: bord caudo-distal (critère HUMe3)

Bord caudo-distal		O.aries (n=37)	C.hircus (n=27)
A	Tronqué	0%	52%
	Intermédiaire	68%	48%
B	Développé	32%	0%

Critère HUMe3 (vue médiale, Pl.I)

L'aspect du bord caudo-distal de l'épicondyle médial a été décrit par Boessneck *et al.* (p.66): "Chez le mouton, le processus caudal est développé, c'est-à-dire qu'il forme un angle aigu à obtus, alors que chez la chèvre il est tronqué caudalement, comme s'il avait été coupé obliquement". Les observations réalisées confirment en effet que le bord caudo-distal est parfois développé (formant un angle à peu près droit) chez le mouton, alors qu'il est souvent tronqué (il n'y a pas d'angle et cette partie est taillée en biseau) chez la chèvre. Mais elles révèlent également une proportion importante de cas intermédiaires chez les deux espèces; en présence de ces cas moins tranchés, l'utilisation du critère requiert davantage de prudence. Toutefois, ces cas intermédiaires se traduisent par un bord caudo-distal "plutôt tronqué" chez la chèvre (48%) alors que celui-ci est généralement "plutôt développé" chez le mouton (49%); certains humérus de mouton présentent tout de même un aspect "plutôt tronqué" (19%) et une confusion avec la chèvre est alors possible. Ces résultats corroborent les observations de Boessneck *et al.*

Corrélation: critères HUMd1 et HUMd2.

Epicondyle médial: surface ligamentaire (critère HUMd1) et bord proximal de la surface ligamentaire (critère HUMd2)

Surface ligamentaire		*O.aries* (n=36)	*C.hircus* (n=29)
B	Très visible	0%	76%
	Intermédiaire	3%*	21%
A	Peu visible	97%	3%

Critère HUMd1 (vue caudale, Pl.I)

Bord proximal		*O.aries* (n=38)	*C.hircus* (n=27)
B	Elevé	0%	96%
	Intermédiaire	16%	4%*
A	Bas	84%	0%

Critère HUMd2 (vue caudale, Pl.I)

Les observations concernant le critère HUMd1 révèlent que, en vue caudale, la surface ligamentaire est peu visible chez le mouton alors que c'est l'aspect opposé qui prédomine largement chez la chèvre[2]. Le développement de cette même surface en direction proximale constitue également un caractère discriminant (critère HUMd2): chez la chèvre, le bord proximal de la surface ligamentaire est élevé, c'est-à-dire qu'il atteint le niveau situé entre le milieu de la trochlée et son bord proximal (70%) voire même celui du bord supérieur de la trochlée (26%). Chez le mouton, ce même bord est généralement bas, c'est-à-dire situé en dessous du niveau correspondant au milieu de la trochlée ; plus rarement, il atteint ce niveau

---

[2] Les exceptions concernent un spécimen de chèvre de Saanen (adulte) chez lequel la surface est peu visible en vue caudale et un spécimen du Soudan (jeune) chez lequel le caractère présente un aspect intermédiaire.

(aspect intermédiaire). Les résultats obtenus corroborent parfaitement la description de Prummel & Frisch (p. 569-570) (aspect "élevé" chez la chèvre, et "bas" ou "intermédiaire" chez le mouton)[3].

Corrélation: critère HUMe3.

Epicondyle médial: bord distal (HUMe4) et transition du bord distal avec la trochlée (HUMe5)

Bord distal		O.aries (n=37)	C.hircus (n=30)
B	Pointu	2%	46%
	Intermédiaire	19%	27%
A	Courbe	79%	27%

Critère HUMe4 (vue médiale, Pl. I)

Transition		O.aries (n=37)	C.hircus (n=31)
	Anguleuse	0%	13%
B	Intermédiaire	19%	64%
A	Progressive	81%	23%

Critère HUMe5 (vue médiale, Pl. I)

Prummel & Frisch (p.570) ont décrit l'aspect du bord distal de l'épicondyle médial comme une *conséquence directe du critère HUMe3*: "L'extrémité distale de l'épicondyle médial forme une ligne droite avec la partie distale de la trochlée chez le mouton, alors qu'elle se termine par une pointe chez la chèvre". La combinaison de deux critères (HUMe4 et HUMe5) permet de décrire l'aspect du bord distal. Chez le mouton, il forme généralement une courbe douce, et la transition avec la trochlée se fait de manière progressive; cet aspect correspond à la description de Prummel & Frisch pour cette espèce. Dans les cas extrêmes, la chèvre se caractérise par un étirement distal formant une pointe très distincte et par le fait que le bord distal rejoint la trochlée en formant un angle. Mais les deux caractères pris en compte sont variables chez cette espèce, ce qui limite les possibilités de discrimination.

Corrélation: critère HUMe3.

---

[3] La seule exception concerne un spécimen de chèvre subadulte originaire du Soudan qui présente un aspect intermédiaire .

Face médiale de la trochlée: crête (critère HUMe8)

Crête		O.aries (n=16)	C.hircus (n=11)
A	Très marquée	19%	0%
	Intermédiaire	69%	45%
B	Quasi absente	12%	55%

Critère HUMe8 (vue médiale, Pl. I): adultes

Crête		O.aries (n=13)	C.hircus (n=18)
A	Très marquée	0%	0%
	Intermédiaire	62%	6%
B	Quasi absente	38%	94%

Critère HUMe8 (vue médiale, Pl. I): subadultes

Helmer & Rocheteau (p.17) ont proposé ce critère pour distinguer les représentants du genre *Ovis* ("crête bien développée") de ceux du genre *Capra* ("crête généralement absente et remplacée par une dépression"). Les proportions obtenues sur la base des observations réalisées sur des spécimens adultes varient dans le sens indiqué par les auteurs sus-mentionnés, mais montrent également que le critère ne permet pas une discrimination efficace. En effet, la crête est pratiquement absente chez deux moutons adultes[4], et seuls les quelques cas correspondant à une crête très marquée – c'est-à-dire surélevée, tranchante et surmontant une dépression – permettent de désigner cette espèce par opposition à la chèvre. Les résultats présentés montrent également que – quelle que soit l'espèce – la crête médiale est moins marquée chez les spécimens subadultes que chez les adultes, ce qui révèle l'influence de l'âge sur ce caractère. La crête est ainsi quasiment absente chez plus d'un tiers des moutons subadultes, et c'est également le cas chez tous les jeunes individus examinés (n=6, non comptabilisés dans le tableau).

Bord caudal de l'épicondyle latéral par rapport à celui de l'épicondyle médial: dépassement en direction caudale (critère HUMe9)

Dépassement		O.aries (n=39)	C.hircus (n=31)
	Même niveau	26%	0%
A	Intermédiaire	36%	19%
B	Très net	38%	81%

Critère HUMe9 (vue médiale, Pl.I)

Gabler (p.49) a décrit une différence entre la chèvre et le mouton concernant le développement des épicondyles, en direction caudale: "Chez le mouton, le bord caudal de l'épicondyle latéral

---

[4] Il s'agit de deux brebis du Soudan (les quatre autres adultes de la même origine présentent un aspect intermédiaire). Quant aux individus présentant une crête très marquée, il s'agit de deux brebis et d'un bélier, ce qui ne soutient pas l'idée d'une crête plus développée chez les mâles.

se trouve à peu près à la même hauteur que celui de l'épicondyle médial, alors que l'épicondyle latéral surplombe l'épicondyle médial chez la chèvre." Ce critère a été considéré en vue médiale; en effet, les différences mentionnées se reflètent par le fait que l'épicondyle latéral dépasse plus ou moins nettement, caudalement à l'épicondyle médial (l'os doit être positionné de manière à ce que la face médiale distale soit à plat). Seul près d'un quart des moutons examinés présentent l'aspect décrit par Gabler pour cette espèce, mais celui-ci semble en effet discriminant par rapport à la chèvre. En revanche, on ne peut pas dire qu'un dépassement très net soit propre à cette dernière.

Epicondyle latéral: développement en direction latérale (critère HUMd4)

Développement		O.aries (n=33)	C.hircus (n=30)
A	Large	34%	0%
	Intermédiaire	48%	7%
B	Etroit	18%	93%

Critère HUMd4 (vue caudale, Pl. I)

Un autre caractère décrit par Boessneck *et al.* (p.66-67) concerne le développement de l'épicondyle latéral. Selon ces auteurs, ce dernier est large chez le mouton et généralement étroit chez la chèvre; en outre, deux "formes" différentes, à savoir un épicondyle latéral étroit ou large, peuvent se présenter chez cette dernière. Cette description ne correspond pas précisément aux proportions obtenues au cours de la présente étude. Chez la majorité des chèvres examinées, l'épicondyle latéral présente un aspect "étroit", c'est-à-dire qu'il est comprimé en direction médio-latérale de sorte que son bord latéral est relativement aplati. La présence d'une arête qui longe parallèlement une partie du bord caudal de l'épicondyle latéral renforce encore cette impression (aspect "très étroit", observé chez 23% des chèvres). Un épicondyle latéral étroit a également été observé chez plusieurs moutons[5], alors qu'un aspect "très étroit" est très exceptionnel chez cette espèce (2%). L'aspect "large" – qui correspond à un bord latéral évasé en direction latérale – n'a été observé que chez le mouton.

Selon la description de Prummel & Frisch (p.569), la direction de l'épicondyle latéral fait un angle avec celle de l'axe longitudinal de l'humérus chez le mouton, alors qu'elle est parallèle à cet axe chez la chèvre. En effet, la différence entre les formes "large" et "étroite" apparaît également si l'on considère la direction que suit l'épicondyle latéral, depuis la transition avec la diaphyse jusqu'à son extrémité distale.

Corrélation: critère HUMf2.

---

[5] Parmi les 18% de cas "étroits" correspondant à six individus, on compte quatre moutons du Soudan; mais dix autres spécimens de la même origine présentent un aspect "intermédiaire" ou "large".

Epicondyle latéral: sillon délimité caudalement par la crête épicondylaire (critère HUMf1)

Sillon		*O.aries* (n=38)	*C.hircus* (n=31)
	Marqué	16%	0%
A	Intermédiaire	55%	39%
B	Très faible	29%	61%

Critère HUMf1 (vue latérale, Pl. I)

Selon Helmer & Rocheteau (p.18) il existe, au niveau de l'épicondyle latéral, un sillon toujours net chez *Ovis* alors qu'il est peu marqué, voire absent, chez *Capra*. Les observations réalisées confirment en effet que, chez une majorité de chèvres, seul un très faible sillon est présent: la surface de l'os est à peine déprimée (mais la crête épicondylaire située caudalement peut être un peu surélevée). Toutefois, cet aspect a également été observé chez le mouton et, en fin de compte, seule la présence d'un sillon marqué permet de déterminer cette espèce. Mais ce dernier cas de figure est peu fréquent parmi les spécimens étudiés, et l'analyse détaillée des résultats obtenus permet d'exclure le fait que cette faible proportion s'explique par la présence de spécimens peu âgés[6].

Transition entre l'épicondyle latéral et le capitulum: prolongement de la crête épicondylaire (critère HUMf2)

Prolongement		*O.aries* (n=35)	*C.hircus* (n=30)
	Crête	34%	0%
A	Intermédiaire	51%	3%
B	Plat	15%	97%

Critère HUMf2 (vue latérale, Pl. I)

Chez le mouton, la crête épicondylaire se prolonge parfois en direction distale jusqu'au niveau de la bordure verticale qui délimite caudalement le capitulum, et forme dans cette zone une crête bien distincte. Mais la variabilité est importante chez cette espèce et la plupart des cas sont intermédiaires, c'est-à-dire qu'il existe une légère surélévation mais pas de crête distincte. Chez la chèvre en revanche, le prolongement décrit ci-dessus est presque toujours absent, de sorte que le bord latéral de l'épicondyle est relativement plat.

Corrélation: critère HUMd4.

---

[6] Chez le mouton, un sillon marqué peut être observé quel que soit le stade d'épiphysation. Chez la chèvre, presque tous les humérus complètement épiphysés (un seul fait exception) présentent un très faible sillon.

Bordure verticale délimitant caudalement le capitulum (critère HUMf3)

Bordure		O.aries (n=35)	C.hircus (n=31)
A	Forte crête	46%	10%
B	Intermédiaire	46%	69%
	Faible bordure	8%*	21%

Critère HUMf3 (vue latérale, Pl. I)

D'après Boessneck *et al.* (p.65-66), le mouton se distingue de la chèvre par la présence d'une crête située au niveau de la face latérale du capitulum: "Chez le mouton, la fosse de l'épicondyle latéral est entourée d'une surface épicondylaire plus fortement développée, qui prend son origine distalement et tend à ressembler à une crête, ce qui n'est pas le cas chez la chèvre." Cette différence entre les genres *Ovis* et *Capra* a également été constatée par Helmer & Rocheteau (p.18). En outre, 81% des moutons soay (n=41) examinés par Clutton-Brock *et al.* (p.31) correspondent au type "mouton" ("présence d'une crête ou bordure") alors que seuls 2% sont du type "chèvre" ("absence de crête") et que 17% sont "intermédiaires".

Les observations réalisées dans le cadre de la présente étude ne donnent pas un résultat aussi tranché puisqu'elles révèlent l'existence d'une variabilité relativement importante chez les deux formes domestiques. De nombreux spécimens des deux espèces présentent un aspect "intermédiaire", qui correspond à une bordure caudale surélevée mais non aiguisée. Une forte crête, tranchante et surélevée (et surmontant une dépression à bord plus ou moins vertical) est bien présente chez près de la moitié des moutons, mais cet aspect a également été observé chez la chèvre. En accord avec les observations de Boessneck *et al.*, selon lesquelles la présence d'une crête surviendrait chez des chèvres âgées souffrant d'arthrose, cet aspect a été constaté uniquement chez trois spécimens relativement âgés et qui montrent, au moins pour deux d'entre eux, des signes d'arthropathie. Les résultats obtenus montrent également que la proportion de moutons "typiques" est moins importante que celle constatée chez les moutons soay; chez certains spécimens, il n'existe même qu'une faible bordure caudale, mousse et peu surélevée. Les observations réalisées[7] suggèrent que, chez le mouton, le développement de la crête est lié à l'âge – ce qui pourrait expliquer les divergences de résultats entre les différentes études réalisées[8].

---

[7] Un aspect "faible" n'a pas été observé chez les moutons adultes, alors qu'un aspect "mousse" n'a été observé que chez des subadultes ou jeunes. En outre, si l'on prend en compte uniquement les adultes (n=16), la proportion de cas correspondant à une forte crête devient plus importante (63%) que celle correspondant à un aspect intermédiaire (37%).

[8] Le corpus réuni pour la présente étude comporte de nombreux humérus dont l'épiphysation proximale n'est pas encore terminée.

Bord crânial du capitulum (critère HUMc4)

Bord crânial		O.aries (n=37)	C.hircus (n=30)
A	Plat	95%	10%*
B	Intermédiaire	5%	50%
	Courbe	0%	40%

Critère HUMc4 (vue distale, Pl. I)

Chez le mouton, le bord crânial du capitulum est généralement assez plat, de sorte que son extrémité crânio-latérale se trouve, en vue distale, en dessous du niveau de la lèvre latérale de la trochlée. Chez la chèvre, le bord crânial du capitulum présente le plus souvent une courbure; dans ce cas, son extrémité crânio-latérale se trouve en dessous du niveau de la lèvre latérale (état intermédiaire) ou alors elle atteint le niveau de la lèvre latérale (état courbe).

Bord crânial de la trochlée: élévation de la lèvre médiale par rapport à la lèvre latérale (critère HUMc5)

Lèvre médiale		O.aries (n=35)	C.hircus (n=30)
B	En dessous	0%	60%
	Même niveau	40%	27%
A	En dessus	60%	13%*

Critère HUMc5 (vue distale, Pl. I)

L'utilisation de ce critère requiert que la trochlée soit bien orientée selon son plus grand axe (Pl. I), car les différences de niveau sont généralement faibles. Chez la chèvre, la lèvre médiale est souvent légèrement en dessous du niveau de la lèvre latérale, ce qui n'a pas été observé parmi les moutons examinés.

Lèvre latérale de la trochlée: partie distale (critère HUMc6)

Lèvre latérale		O.aries (n=34)	C.hircus (n=28)
B	Creusée	0%	26%
	Intermédiaire	30%	74%
A	Intacte	70%	0%

Critère HUMc6 (vue distale, Pl. I)

Au niveau de la partie distale du capitulum, la surface de l'os est parfois creusée et cela empiète largement sur la lèvre latérale de la trochlée; cet aspect n'a été observé que chez la chèvre. Chez le mouton en revanche, la lèvre latérale est souvent intacte; dans les autres cas, un creusement est présent au niveau du capitulum mais il est généralement moins profond et surtout n'empiète pas sur l'arête de la lèvre (état intermédiaire).

Epicondyle médial: sillon transverse (critère HUMc9)

Sillon		*O.aries* (n=35)	*C.hircus* (n=28)
B	Présent	0%	46%
	Intermédiaire	3%	25%
A	Absent	97%	29%

Critère HUMc9 (vue distale, Pl. I)

Chez la chèvre, on remarque parfois la présence d'un petit sillon transverse au niveau de l'épicondyle médial; cet aspect n'a pas été observé chez le mouton.

3.2. Radius et ulna (proximum)

Zone de contact entre le radius et l'ulna: synostose (critère RAD-ULNa1)

Synostose		*O.aries* adultes et subadultes (n=44)	*C.hircus* **adultes** (n=20)	*C.hircus* **subadultes** (n=14)
B	Complète	0%	100%	33%
	Incomplète	2%*	0%	27%
A	Absente	98%	0%	40%

Critère RAD-ULNa1 (vue latérale, Pl. II)

La connexion existant entre le radius et l'ulna chez les caprinés domestiques a été décrite par Boessneck *et al.* (p.67): "Proximalement à l'espace interosseux proximal, les corps des deux os sont fermement soudés chez la chèvre. Chez le mouton, les parties proximales du radius et de l'ulna ne sont réunies qu'occasionnellement, dans le cas d'animaux âgés, et sur de courtes distances; sinon, les deux os ne sont fixés que par une syndesmose. (...) Chez la chèvre, le processus coronoïde latéral de l'ulna fusionne avec le relief latéral d'insertion du radius et forme avec lui un bord qui fait saillie latéralement. Chez le mouton, le processus coronoïde latéral de l'ulna reste isolé, c'est-à-dire qu'il ne rejoint pas le radius au niveau du relief latéral d'insertion."

Les résultats obtenus au cours de la présente étude confirment les observations de Boessneck *et al.*, tout au moins en ce qui concerne les spécimens adultes (chez lesquels les extrémités proximales et distales du radius et de l'ulna sont complètement ossifiées). Chez la chèvre, la zone de contact entre les parties proximales du radius et de l'ulna présente une synostose complète qui comprend une synostose crânio-caudale *et* une synostose latérale[9]. Il peut arriver (5% des chèvres examinées) que la synostose latérale ne soit que partielle, c'est-à-dire que la

---

[9] La première est réalisée au niveau de la *circumferentia articularis* et résulte de la fusion de la surface articulaire pour le radius (sur la face crâniale de l'ulna) avec la surface articulaire pour l'ulna (sur la face caudale du radius). La seconde se produit entre le processus coronoïde latéral de l'ulna et le relief latéral d'insertion du radius. Dans le cas d'une synostose complète, la fusion concerne donc toute la zone de jonction entre les deux os, y compris dans leur partie latérale: suivant la description de BOESSNECK *et al.*, seule la partie complètement proximale est épargnée, et une fente peut persister partiellement du côté médial.

ligne latérale de soudure entre les deux parties soit encore visible. Chez le mouton, toute trace de synostose est généralement absente; une seule exception a été constatée[10], à savoir un cas de synostose incomplète qui ne concerne que la partie latérale des deux os: le processus coronoïde latéral de l'ulna est complètement fusionné avec le relief latéral d'insertion du radius mais il n'y a pas de synostose crânio-caudale. De même, parmi tout leur matériel, Boessneck *et al.* n'ont relevé de fusion de la partie latérale que chez un unique spécimen de mouton. En revanche, ils ont constaté qu'il peut occasionnellement exister une synostose crânio-caudale sur une courte distance (cf. *supra*). Parmi les moutons soay (n=44) examinés par Clutton-Brock *et al.* (p.33), la plupart des spécimens (70%) sont de type "mouton" ("les corps du radius et de l'ulna ne sont pas fusionnés proximalement") mais 25% des cas présentent un aspect "intermédiaire" ("fusion proximale partielle"[11]), alors que deux spécimens sont de type "chèvre" ("fusion proximale").

Le risque de confusion entre les deux espèces est plus important en ce qui concerne les spécimens subadultes (chez lesquels le distum radial et le proximum ulnaire ne sont pas complètement ossifiés). En effet, plusieurs radio-ulnaires de chèvre présentent une synostose incomplète (en général seulement latérale, mais dans un cas seule la synostose crânio-caudale est réalisée) ou même totalement absente.

Les observations réalisées permettent finalement de donner les indications suivantes concernant la diagnose de fragments proximaux de radius et/ou d'ulna:

- en présence de parties proximales de radius et d'ulna unies par une synostose, on peut dire qu'il s'agit probablement d'une chèvre; en outre, il est possible de lui attribuer un âge individuel minimum de 2 ans au moins. Mais il faut tout de même examiner l'étendue de la fusion, car il pourrait exceptionnellement s'agir d'un mouton.
- en présence d'un proximum radial isolé, il n'est pas possible d'affirmer qu'il ne s'agit pas d'une chèvre (subadulte). Si d'autres critères permettent finalement de désigner la chèvre, l'âge individuel peut être estimé à 3 ans au plus.
- en présence d'un proximum ulnaire isolé, trois cas de figure peuvent se présenter:
    a) l'épiphysation du proximum ulnaire n'a pas débuté: il pourrait bien s'agir d'une chèvre (subadulte). Si cela se confirme (à l'aide d'autres critères), l'âge individuel peut être attribué comme pour le cas précédent.
    b) l'épiphysation du proximum ulnaire est en cours: en principe, la synostose devrait être réalisée s'il s'agissait d'une chèvre. Mais, par prudence, cette possibilité ne peut pas être complètement exclue. Le cas échéant, l'âge à attribuer est alors le même que pour le cas a).
    c) l'épiphysation du proximum ulnaire est achevée: il ne s'agit très vraisemblablement pas d'une chèvre.

---

[10] Il s'agit d'un bélier du Soudan subadulte (âgé de 2 ans).

[11] Les auteurs ne précisent pas à quel niveau.

Lorsque la synostose est absente et qu'il n'est pas possible d'exclure les spécimens de chèvres subadultes, on peut se référer à d'autres critères concernant les surfaces impliquées dans la fusion proximale: critère RAD-ULNa2 si l'on dispose du radius et de l'ulna et critère ULNj5 pour l'ulna.

Prolongement du processus coronoïde latéral de l'ulna sur le radius (critère RAD-ULNa2)

Prolongement		*O.aries* (n=42)	*C.hircus* (n=35)
	Assez faible	69%	3%*
A	Intermédiaire	26%	6%*
B	Enveloppant	5%*	91%

Critère RAD-ULNa2 (vue crâniale, Pl. II)

Chez la chèvre, en relation directe avec la fusion des parties latérales du radius et de l'ulna (*cf. critère RAD-ULNa1*), le processus coronoïde latéral de l'ulna se prolonge sur le radius et enveloppe ainsi le bord caudo-latéral du proximum radial. Cela est évidemment le cas lorsque la fusion entre les parties latérales des deux os est réalisée, mais se produit aussi lorsque celle-ci n'a pas encore débuté, avec toutefois des exceptions parmi les spécimens subadultes. Il faut préciser que cet aspect "enveloppant" résulte autant de l'étirement du relief latéral du radius en direction caudale que de celui du processus latéral de l'ulna en direction latérale; ainsi, comme l'ont fait remarquer d'autres auteurs, la fusion a généralement lieu sur la partie caudale du relief latéral, et non pas latéralement[12]. Chez le mouton en revanche, le prolongement du processus de l'ulna est généralement assez faible, c'est-à-dire qu'il n'atteint pas le bord latéral de la surface articulaire du radius; éventuellement, le processus coracoïde peut se prolonger jusqu'au niveau du bord latéral de la facette radiale caudale qui s'articule avec l'ulna (aspect intermédiaire) mais, sauf exception, il n'est pas enveloppant.

Corrélation: critère ULN j5.

3.2.1. Ulna (proximum)

Incisure trochléaire: bord latéral (critère ULNj5)

Bord latéral		*O.aries* (n=39)	*C.hircus* (n=30)
B	Très étiré	10%*	97%
A	Intermédiaire	46%	0%
	Peu étiré	44%	3%*

Critère ULNj5 (vue crâniale, Pl. II)

---

[12] "Souvent, chez la chèvre, le relief latéral d'insertion du radius est étiré en direction caudale et la réunion des deux os se produit sur la face caudale, près du bord latéral " (BOESSNECK *et al.*, p.67).

En conséquence de l'étirement plus important du processus coronoïde latéral de l'ulna (*cf. critère RAD-ULNa2*) chez la chèvre, le bord latéral de l'incisure trochléaire (qui se prolonge jusqu'au processus coronoïde latéral de l'ulna) est très étiré en direction latérale de sorte qu'il est orienté plutôt horizontalement[13]. Un aspect "très étiré" a également été observé chez plusieurs moutons[14].

Corrélation: critère RAD-ULNa2.

Incisure trochléaire: bord médial (critère ULNj3)

Bord médial		O.aries (n=40)	C.hircus (n=29)
A	Faible entaille	48%	13%
A	Intermédiaire	48%	37%
B	Nette entaille	4%	40%

Critère ULNj3 (vue crâniale, Pl. II)

La proportion de proximums ulnaires qui présentent une nette entaille au niveau du bord médial de l'incisure trochléaire est assez importante chez la chèvre, alors qu'elle est faible chez le mouton.

Incisure trochléaire: fossette synoviale (critère ULNj4)

Fossette		O.aries (n=40)	C.hircus (n=29)
B	Très creusée	17%	76%
A	Intermédiaire	68%	21%
A	Absente	15%	3%

Critère ULNj4 (vue crâniale, Pl. II)

Une fossette synoviale profondément creusée peut être observée chez les deux espèces de caprinés domestiques, mais en proportion nettement plus importante chez la chèvre. Chez le mouton, cette fossette est parfois absente – la surface de l'os présente des irrégularités mais il n'y a pas de creusement en profondeur – ce qui n'a été qu'exceptionnellement observé chez la

---

[13] Une seule exception concerne une chèvre subadulte: la synostose proximale n'est pas encore réalisée *(cf. critère RAD-ULNa1)* et le processus coronoïde de l'ulna ne se prolonge pas jusqu'au bord latéral de la surface articulaire du proximum radial *(cf. critère RAD-ULNa2)*.

[14] Il s'agit de quatre spécimens subadultes du Soudan. En ce qui concerne le prolongement du processus coronoïde de l'ulna sur le radius *(critère RAD-ULNa2)*, deux de ces spécimens présentent un aspect "enveloppant"; le processus coronoïde latéral se prolonge "jusqu'au bord" chez un troisième individu, alors que le caractère présente un aspect "intermédiaire" chez le quatrième.

chèvre[15]. Les cas intermédiaires correspondent à la présence d'une fossette plus réduite et beaucoup moins creusée.

Tubérosité de l'olécrâne: sillon tendineux (critère ULNi5)

Sillon		O.aries (n=28)	C.hircus (n=23)
B	Présent	7%*	61%
	Intermédiaire	14%	22%
A	Absent	79%	17%

Critère ULNi5 (vue latérale, Pl. II)

Boessneck *et al.* (p.73-74) ont décrit une caractéristique propre à la chèvre, au niveau de la face proximo-latérale de la tubérosité olécrânienne : "Dans la plupart des cas, il existe une surface lisse inclinée latéralement et délimitée par une bordure plus ou moins distincte qui s'étend crânio-caudalement. Dans sa partie crâniale, cette surface descend sur la face latérale de l'olécrâne mais n'est pas limitée par une bordure. Chez le mouton, il n'y a pas de surface lisse ou de bordure, sauf dans quelques cas flous et exceptionnels". Chez plus de la moitié des chèvres examinées, cette surface lisse – qui correspond à un sillon aplati et bien délimité par une bordure distale – est en effet présente. Toutefois, les spécimens présentant une surface seulement ébauchée (état intermédiaire), voire absente, ne sont pas rares. Chez la grande majorité des moutons, le sillon tendineux est absent de sorte que la face latérale de la tubérosité est homogène, et plutôt convexe. La présence d'un sillon a toutefois été observée chez quelques spécimens subadultes de cette espèce.

Processus anconé: dépression (critère ULNi7)

Dépression		O.aries (n=40)	C.hircus (n=29)
B	Marquée	0%	79%
	Intermédiaire	20%	14%
A	Très faible	80%	7%

Critère ULNi7 (vue latérale, Pl. II)

Chez la majorité des chèvres examinées, le bord latéral du processus anconé présente une dépression bien marquée et dont la partie la plus profonde se situe vers la base du processus. Les autres cas, qui correspondent à une dépression plus légère (aspect intermédiaire) voire très faible, sont pour la plupart des spécimens subadultes. Chez le mouton, il n'existe tout au plus qu'une légère dépression et c'est dans la partie crâniale du processus anconé – plutôt que vers sa base – qu'elle est le mieux marquée.

---

[15] Il s'agit d'une chèvre naine africaine adulte.

3.2.2. Radius (proximum)

Surface articulaire proximale: bord médio-crânial (critère RADe5)

Bord		O.aries (n=42)	C.hircus (n=26)
A	Courbe	67%	4%
	Intermédiaire	33%	42%
B	Anguleux	0%	54%

Critère RADe5 (vue proximale, Pl. II)

Selon Boessneck *et al.* (p.71), le bord médio-crânial de la surface articulaire proximale du radius tend à être courbe chez le mouton et à former un angle chez la chèvre, mais les auteurs ont trouvé ce caractère variable. Les observations réalisées suggèrent cependant que, malgré l'existence de cas intermédiaires, ce critère peut s'avérer utile pour discriminer les deux espèces domestiques[16]. Les différences observées se reflètent également en vue crâniale; en effet, l'aspect "anguleux" est en relation avec le fait que le bord proximal forme une lèvre inclinée en direction distale. Le bord très plat qui en résulte, en vue proximale, est donc caractéristique de la chèvre.

Corrélation: critère RADe6.

Surface articulaire proximale: bord médial (critère RADe6)

Bord		O.aries (n=40)	C.hircus (n=28)
A	Courbe	46%	7%*
B	Intermédiaire	54%	68%
	Très aigu	0%	25%

Critère RADe6 (vue proximale, Pl. II)

L'aspect du bord médial de la surface articulaire du radius dépend de la forme de son bord crânio-médial *(critère RADe5)* ainsi que de celle de son bord caudo-médial. Un bord très aigu est caractéristique de la chèvre, puisqu'il n'a pas été observé chez le mouton. A l'inverse, un aspect "courbe", fréquent chez le mouton, n'a été observé que chez deux spécimens subadultes de chèvre.

Corrélation: critère RADe5.

---

[16] Chez une seule chèvre (naine d'Afrique), le bord présente un aspect courbe.

131

Relief latéral d'insertion: développement en direction latérale (critère RADe1)

Développement		O.aries (n=41)	C.hircus (n=32)
A	Fort	63%	0%
	Intermédiaire	27%	37%
B	Faible	10%*	63%

Critère RADe1 (vue proximale, Pl. II)

Le développement du relief latéral d'insertion a été pris en compte par plusieurs auteurs dans le cadre de la distinction entre les deux espèces de caprinés domestiques. D'après Boessneck *et al.* (p.70), il s'agit du meilleur caractère en ce qui concerne l'extrémité proximale du radius: "Chez le mouton, ce relief est plus développé, c'est-à-dire plus grand, plus charnu; dans un seul cas d'exception, un relief aussi important a été observé chez la chèvre". Prummel & Frisch (p. 570) ont confirmé l'utilité de ce caractère: "Chez la chèvre, le relief latéral est beaucoup plus petit, moins étendu latéralement et proximalement". Parmi les moutons soay (n=42) examinés par Clutton-Brock *et al.* (p.33), presque tous les spécimens (98%) sont du type "mouton" ("le relief latéral forme une saillie"); dans un seul cas, cette saillie est absente comme dans le type "chèvre". Les résultats obtenus confirment la pertinence de ce critère, bien que les cas intermédiaires ne soient pas rares et qu'il existe aussi quelques exceptions, à savoir des radius de mouton qui ne présentent qu'un faible développement du relief latéral d'insertion. Si les observations réalisées chez la chèvre ne révèlent aucune différence entre spécimens adultes et subadultes, les spécimens de mouton qui présentent un fort développement du relief latéral sont en grande majorité des adultes alors que tous ceux qui présentent un faible développement de cette partie de l'os sont des subadultes. Ces observations mettent en évidence l'influence de l'âge chez le mouton, c'est-à-dire le fait que le relief latéral se développe au fur et à mesure de la croissance de l'individu.

Corrélation: critère RADd3.

Relief latéral d'insertion: forme (critère RADd3)

Relief		O.aries (n=38)	C.hircus (n=34)
A	Bosse	71%	32%
B	Replat	29%	44%
	Creux	0%	24%

Critère RADd3 (vue latérale, Pl. II)

Chez la chèvre, le relief latéral est parfois creusé et ce d'autant plus qu'il est développé en direction latérale; cet aspect n'a pas été observé chez le mouton.

Corrélation: critère RADc1.

Bord crânial de la surface articulaire proximale: processus coronoïde (critère RADc3)

Processus		O.aries (n=40)	C.hircus (n=29)
A	Pointe	33%	10%
B	Intermédiaire	60%	45%
	Faible	7%	45%

Critère RADc3 (vue crâniale, Pl. II)

La saillie crânio-caudale nommée processus coronoïde forme parfois une pointe bien distincte chez le mouton, alors que cet aspect est plus rare chez la chèvre. En revanche, de nombreux radius de chèvre ne présentent qu'un faible développement de ce processus.

3.3. Fémur (distum)

Trochlée: puits synovial et/ou encoche distale (critère FEMf4)

Puits et/ou encoche		O.aries (n=31)	C.hircus (n=26)
B	Présence	3%*	76%
	Intermédiaire	17%	20%
A	Absence	80%	4%

Critère FEMf4 (vue distale, Pl. III)

Ce critère, qui décrit une caractéristique de la surface trochléaire fémorale répondant à la patella, a été proposé par Boessneck *et al.* (p.97): "Un puits synovial est généralement présent chez la chèvre, bien qu'absent chez certains individus[17]. Il forme une encoche qui part de l'extrémité distale de la trochlée, ou alors se trouve complètement ou partiellement isolé à l'intérieur de celle-ci. Ce puits est normalement absent chez le mouton". Au cours de la présente étude, il s'est avéré utile de faire une distinction entre le puits synovial à proprement parler – lequel est situé bien à l'intérieur de la surface trochléaire – et l'encoche qui se trouve au niveau du bord distal de la trochlée. Ainsi, la présence d'un puits *et/ou* d'une encoche distale a été constatée chez la majorité des chèvres examinées (76%). Chez 37% des chèvres au total, un puits synovial *et* une encoche nette sont présents ("le puits synovial forme une encoche qui part de l'extrémité distale jusque dans la trochlée", Boessneck *et al.*, p.97). Dans 21% des cas, le puits est net *mais* l'encoche est moins distincte ou même n'existe qu'à l'état de trace ("le puits synovial se trouve complètement ou partiellement isolé dans le sillon", Boessneck *et al.*, p.97). Une proportion non négligeable de cas susceptibles d'entraîner une confusion avec le mouton a été constatée (24%). 20% de ces cas correspondent à un aspect intermédiaire: le puits synovial est faible à très faible, et il n'existe qu'une infime trace de l'encoche ou celle-ci est absente; en

---

[17] Les auteurs mentionnent pour la chèvre environ 10% de cas exceptionnels chez lesquels le puits synovial est absent.

revanche, il est rare (4%) que le puits synovial et l'encoche soient tous deux complètement absents.

Panisset (1906) avait déjà rapporté l'existence de ce caractère pour la distinction entre la chèvre et le mouton, en mentionnant une présence constante du puits synovial sur les fémurs de chèvres dont le distum est épiphysé mais inconstante chez les spécimens plus jeunes. Boessneck *et al.* ont toutefois constaté que le puits synovial peut également faire défaut chez les spécimens adultes. Au cours de la présente étude, l'absence totale de puits et d'encoche n'a été constatée que chez une seule chèvre[18], et il s'agit d'un jeune spécimen (le proximum et le distum ne sont pas épiphysés). Cependant, les autres cas "problématiques" (faible puits et encoche absente ou très faible) correspondent à trois spécimens non adultes (un subadulte et deux jeunes) ainsi qu'à deux adultes[19].

Chez la majorité des moutons, le puits synovial ainsi que l'encoche distale sont absents ou, tout au plus, ébauchés (il n'existe alors qu'une légère voire très légère trace de puits synovial, ou bien une encoche distale mal définie). Toutefois, dans un cas d'exception notable[20], la trochlée fémorale présente un puits synovial parfaitement distinct, d'une longueur de 11 mm environ et isolé à l'intérieur de la trochlée car l'encoche distale fait complètement défaut. A noter que, parmi tous les moutons examinés, aucun spécimen ne cumule la présence d'un puits *et* d'une encoche. La présence exceptionnelle d'un puits synovial chez le mouton a également été rapportée par Boessneck *et al.* (un spécimen), ainsi que par Hildebrandt (cité par Boessneck *et al.* 1964). Chez les moutons soay, Clutton-Brock *et al.* (p.30) ont constaté l'absence de puits synovial dans 100% des cas (n=42).

Corrélation: critère FEMf2.

Trochlée, sillon patellaire: forme générale (critère FEMf2)

Sillon		*O.aries* (n=29)	*C.hircus* (n=25)
A	Courbe	24%	8%
	Intermédiaire	66%	44%
B	Anguleux	10%*	48%

Critère FEMf2 (vue distale, Pl. III)

---

[18] Un individu de Jordanie.

[19] A noter que ces spécimens sont d'origines différentes (Suisse, Turquie, Ethiopie, Soudan), et que les deux chèvres angora originaires de Turquie (un couple) présentent le même aspect (puits faible et encoche à l'état de trace).

[20] Il s'agit d'un mâle nez noir subadulte.

Trochlée, sillon patellaire: bord médial (critère FEMf3)

Bord médial		O.aries (n=29)	C.hircus (n=25)
	Un peu concave	41%	4%
A	Intermédiaire	52%	70%
B	Un peu convexe	7%	26%

Critère FEMf3 (vue distale, Pl. III)

Selon Boessneck *et al.* (p.98), la section transversale du sillon patellaire est semi-circulaire chez le mouton, alors qu'elle est plus anguleuse chez la chèvre. Les observations réalisées ont effectivement révélé que ce sillon est souvent anguleux chez la chèvre, mais aussi que ce n'est pas toujours le cas et que deux spécimens[21] présentent même un aspect "courbe". En outre, la forme du sillon est également variable chez le mouton et trois cas[22] correspondent à un aspect "anguleux". Un examen plus précis a révélé que l'aspect du bord médial du sillon patellaire peut également contribuer à la discrimination; dans certains cas en effet, ce bord tend à être un peu concave chez la chèvre et un peu convexe chez le mouton.

Corrélation: critères f4 et f5.

Trochlée: hauteur de la lèvre latérale par rapport à la lèvre médiale (critère FEMe2)

Lèvre latérale		O.aries (n=14)	C.hircus (n=21)
B	Dépasse net.	0%	29%
	Intermédiaire	29%	38%
A	Même niveau	71%	33%

Critère FEMe2 (vue crâniale, Pl. III)

Chez certaines chèvres, la lèvre latérale de la trochlée dépasse très nettement, en direction crâniale, la lèvre médiale; cela n'a pas été observé chez le mouton. En revanche, les deux autres cas de figure possibles – la lèvre latérale dépasse légèrement la lèvre médiale (état intermédiaire) ou alors les deux lèvres sont à peu près au même niveau – ne permettent pas de distinguer la chèvre du mouton.

---

[21] Une chèvre naine africaine (adulte) et un spécimen des Alpes suisses (subadulte).

[22] Deux spécimens du Soudan (un jeune et un subadulte) ainsi qu'un mouton nez noir (subadulte).

Fosse intercondylaire, fossette distale: bord proximal (critère FEMf9)

Bord proximal		O.aries (n=31)	C.hircus (n=17)
A	Bien délimité	42%	0%
	Intermédiaire	48%	6%
B	Mal délimité	10%	94%

Critère FEMf9 (vue distale, Pl. III)

Fosse intercondylaire, fossette distale: bosse médiale (critère FEMf10)

Bosse médiale		O.aries (n=31)	C.hircus (n=26)
A	Marquée	65%	0%
B	Intermédiaire	35%	54%
	Absente	0%	46%

Critère FEMf10 (vue distale, Pl. III)

Deux caractères concernant la petite fossette située dans la partie distale de la fosse intercondylaire peuvent s'avérer très utiles dans le cadre de la distinction entre la chèvre et le mouton. Chez ce dernier, la fossette est délimitée par un bord proximal bien défini (critère FEMf9) et son bord médial est formé par une bosse bien marquée (critère FEMf10). Chez la chèvre, cette fossette est presque toujours mal délimitée proximalement et sa paroi médiale est souvent plane (absence totale de bosse); bien qu'il puisse exister une bosse peu marquée ou une légère convexité (état intermédiaire), une bosse caractéristique comme celle du mouton n'a jamais été observée.

Epicondyle médial: profil (critère FEMf12)

Profil		O.aries (n=20)	C.hircus (n=18)
A	Convexe	30%	0%
B	Intermédiaire	70%	83%
	Plat	0%	17%

Critère FEMf12 (vue distale, Pl. III)

Chez le mouton, la face médiale de l'épicondyle est parfois légèrement convexe; en vue distale, cela se reflète par un profil également convexe du bord qui délimite médialement l'épicondyle. Cet aspect n'a pas été observé chez la chèvre; au contraire, de nombreux spécimens de cette espèce présentent un profil plat. Toutefois, la plupart des cas sont intermédiaires chez les deux espèces et les proportions obtenues doivent être considérés avec prudence compte tenu des effectifs relativement faibles.

Epicondyle latéral: fossette d'insertion ligamenteuse (critère FEMg1)

Fossette		O.aries (n=30)	C.hircus (n=26)
A	Etirée	50%	4%
	Intermédiaire	40%	27%
B	Arrondie	10%	69%

Critère FEMg1 (vue latérale, Pl. III)

La fossette d'insertion ligamenteuse située au niveau de l'épicondyle latéral est souvent étirée dans le sens crânio-caudal chez le mouton, ce qui est exceptionnel chez la chèvre. Les proportions de cas correspondant à la chèvre et au mouton sont inversées pour l'aspect "arrondi".

Epicondyle latéral: fossette du poplité (critère FEMg2)

Fossette		O.aries (n=28)	C.hircus (n=24)
B	Très creusée	4%	13%
	Intermédiaire	75%	87%
A	Quasi-absente	21%	0%

Critère FEMg2 (vue latérale, Pl. III)

La fossette du poplité forme parfois un creux très profond chez la chèvre; cet aspect est plus rare chez le mouton, qui se distingue parfois par le fait que la fossette est pratiquement absente.

Fosse intercondylaire: largeur (critère FEMd5)

Fosse		O.aries (n=22)	C.hircus (n=19)
A	Large	27%	0%
	Intermédiaire	64%	74%
B	Etroite	9%	26%

Critère FEMd5 (vue caudale, Pl. III)

D'après Boessneck *et al.* (p.98), la fosse intercondylaire est moins profonde et souvent plus large chez le mouton que chez la chèvre. Ce critère s'avère assez subjectif et, par conséquent, la plupart des cas doivent être considérés comme intermédiaires. Toutefois, un aspect vraiment "large" n'a été observé que chez le mouton.

Fosse supracondylaire (critère FEMd1)

Fosse		O.aries (n=32)	C.hircus (n=21)
B	Très faible	3%*	24%
A	Intermédiaire	78%	76%
	Creusée	19%	0%

Critère FEMd1 (vue caudale, Pl. III)

La fosse supracondylaire tend à être moins marquée chez la chèvre que chez le mouton, et ce dernier se distingue parfois par l'existence d'un léger creusement dans la partie médiale de la fosse.

3.4. Tibia (proximum)

Tubérosité tibiale: fosse proximale (critère TIBa1)

Fosse		O.aries (n=22)	C.hircus (n=20)
B	Présente	5%	70%
	Intermédiaire	27%	30%
A	Absente	68%	0%

Critère TIBa1 (vue proximale, Pl. IV)

Selon Boessneck *et al.* (p.100), ce caractère est le plus utile pour la distinction des tibias des deux espèces de caprinés domestiques[23]: "Chez la chèvre, il existe une fosse – puits circulaire de quelques millimètres de diamètre – dans la profondeur de laquelle on trouve plusieurs trous nourriciers. Chez le mouton, on trouve à la place de ce puits un ou plusieurs trous nourriciers". Les auteurs susmentionnés précisent cependant que des confusions sont possibles. C'est également ce qui a été constaté pour les spécimens examinés au cours de la présente étude. En effet, si une fosse circulaire – bien distincte et contenant un ou plusieurs trous nourriciers – est effectivement présente chez la plupart des chèvres examinées, cet aspect a également été exceptionnellement observé chez le mouton. Cependant, le plus grand risque de confusion réside dans l'existence de cas intermédiaires qui correspondent à la présence d'une dépression plus ou moins profonde mais de diamètre moins important que celui de la fosse "typique". Il s'agit généralement d'un grand foramen à l'intérieur duquel se trouvent des trous plus petits, mais il existe des variantes. Chez le mouton, l'aspect le plus fréquent correspond à une absence de fosse: à la place, un ou plusieurs trous nourriciers sont généralement situés dans une faible dépression. Clutton-Brock *et al.* (p.37) ont examiné ce critère chez les moutons soay (n=40), et ont constaté que 95% d'entre eux sont de type "mouton" ("un ou plusieurs foramens sont

---

[23] D'après ces auteurs, le tibia est, de tous les os longs, le plus difficile à déterminer.

disposés sur une surface plane") alors que les 5% restants sont "intermédiaires" avec le type chèvre ("les foramens sont contenus dans un puits").

Sillon de l'extenseur (critère TIBa2)

Sillon		O.aries (n=24)	C.hircus (n=21)
	Ouvert	33%	0%
A	Intermédiaire	42%	19%
B	Fermé	25%	81%

Critère TIBa2 (vue proximale, Pl. IV)

Les deux bords qui délimitent le sillon de l'extenseur (ou coulisse tibiale) forment entre eux un angle qui peut varier sensiblement. Un sillon ouvert, c'est-à-dire dont les deux bords définissent un angle droit voire obtus, a été observé chez le mouton mais pas chez la chèvre.

Condyle latéral: bord latéral (critère TIBa4)

Bord latéral		O.aries (n=23)	C.hircus (n=19)
B	Anguleux	4%	37%
	Intermédiaire	4%	11%
A	Non anguleux	92%	52%

Critère TIBa4 (vue proximale, Pl. IV)

Chez la chèvre, le bord latéral du condyle latéral présente parfois un aspect caractéristique: dans sa partie proximale, il prend d'abord une orientation caudo-latérale, puis bifurque brusquement, formant un angle, en direction caudale. Cet aspect est rare chez le mouton.

Tubérosité tibiale: creux latéral (critère TIBc3)

Creux latéral		O.aries (n=22)	C.hircus (n=15)
A	Marqué	54%	0%
	Intermédiaire	32%	33%
B	Absent	14%	67%

Critère TIBc3 (vue crâniale, Pl. IV)

Dans la partie proximo-latérale de la tubérosité tibiale, un creux bien marqué est souvent présent chez le mouton; chez la chèvre en revanche, ce creusement est souvent absent et prend tout au plus l'aspect d'une légère dépression.

Crête tibiale: épaisseur du bord crânial (critère TIBc5)

Bord crânial		O.aries (n=23)	C.hircus (n=23)
B	Fin	11%	56%
	Intermédiaire	48%	44%
A	Large	41%	0%

Critère TIBc5 (vue crâniale, Pl. IV)

Chez la chèvre, la bordure crâniale de la crête tibiale est souvent fine et aiguisée alors que l'aspect opposé, à savoir un bord large et mousse, n'a jamais été observé. La variabilité est plus importante chez le mouton, et les deux espèces présentent souvent un aspect intermédiaire qui correspond à un bord crânial aminci mais non aiguisé.

Crête tibiale: élévation en direction crâniale (critère TIBc6)

Elevation		O.aries (n=23)	C.hircus (n=22)
A	Forte	53%	15%
B	Intermédiaire	47%	45%
	Faible	0%	40%

Critère TIBc6 (vue latérale, Pl. IV)

Bien que de nombreux cas soient intermédiaires chez les deux espèces considérées, on peut dire qu'une crête tibiale faiblement élevée en direction crâniale est caractéristique de la chèvre, par opposition au mouton. A noter que cet aspect correspond à une orientation assez verticale du bord crânial de la crête en vue latérale, alors qu'une forte élévation de cette dernière se manifeste par un bord crânial oblique.

Aire intercondylaire centrale (critère TIBb1)

Aire centrale		O.aries (n=26)	C.hircus (n=26)
	Large	23%	0%
A	Intermédiaire	73%	62%
B	Etroite	4%	38%

Critère TIBb1 (vue caudale, Pl. IV)

L'aire intercondylaire centrale tend à être plus large chez le mouton que chez la chèvre. En revanche, aucune différence significative concernant sa profondeur n'a été constatée entre les deux espèces.

Tubercule intercondylaire latéral: élévation par rapport au tubercule intercondylaire médial (critère TIBb3)

Tubercule latéral		O.aries (n=25)	C.hircus (n=26)
B	Dépasse	8%	46%
A	Intermédiaire	76%	46%
	Est dépassé	16%	8%*

Critère TIBb3 (vue caudale, Pl. IV)

Les éventuelles différences de niveau entre les tubercules intercondylaires latéral et médial sont généralement faibles: le tubercule latéral dépasse légèrement le tubercule médial ou, au contraire, est légèrement dépassé par ce dernier. Pour prendre en considération ce critère, il est donc important que le plateau tibial soit positionné comme sur les illustrations (Pl. IV).

4. Conclusion

L'étude des caractères morphoscopiques a révélé l'existence d'une variabilité intraspécifique importante, chez la chèvre comme chez le mouton. La quantification des caractères – c'est-à-dire le calcul des fréquences relatives des différents états possibles pour chaque caractère – a permis d'objectiver l'importance de cette variabilité. Il en ressort notamment que rares sont les caractères qui ne présentent qu'un seul aspect (caractères constants). Par conséquent, les différences entre les deux espèces résident généralement dans les fréquences relatives des états d'un caractère plutôt que dans la présence/absence d'un état particulier.

L'importance de la variabilité intraspécifique observée résulte probablement, du moins en partie, de la composition hétérogène des corpus utilisés pour la présente étude (présence de races très différentes). En effet, la comparaison des résultats obtenus avec ceux présentés par Clutton-Brock (1990) sur les moutons soay révèle la plus grande homogénéité de ces derniers[24]. Ainsi, d'une manière générale, les fréquences relatives des différents aspects d'un caractère sont susceptibles de varier sensiblement en fonction de la composition de l'échantillon étudié (représentation d'une seule ou de diverses races, population(s) plus ou moins homogène(s), *sex-ratio*, structure d'âge, etc.). Il est donc entendu qu'un aspect qui n'a pas été observé dans un échantillon donné ne peut être considéré comme inexistant dans la population d'origine, ou pour l'espèce en général.

Malgré ces réserves, la considération de caractères *quantifiés* permet une estimation du risque d'erreur associé à leur utilisation. En effet, très peu de critères sont efficaces à cent pour cent pour désigner ou exclure l'une ou l'autre des deux espèces étudiées. Les risques de confusion dus à la variabilité intraspécifique des caractères ont déjà été mentionnés par d'autres auteurs. Ainsi, de même que Boessneck *et al.* (1964, p.6) précisent que "la plupart des caractéristiques proposées présentent des recoupements entre les deux genres", Buitenhuis (1995, p.141)

---

[24] Dans certains cas, une interprétation différente du critère pourrait également être à l'origine des différences constatées.

141

constate que "la variation des caractères est importante et doit être prise en compte lors de la détermination" et Helmer & Rocheteau (1994, p.4) font remarquer que "peu de réels critères de distinction existent, du fait d'un chevauchement fréquent des domaines de variabilité". Les résultats obtenus par Clutton-Brock *et al.* (1990) pour les moutons soay révèlent que ces derniers sont assez homogènes, mais aussi qu'il existe généralement un faible pourcentage d'individus qui présentent un aspect similaire à celui caractéristique de la chèvre. L'ensemble de ces constatations soutiennent la conclusion suivante: la diagnose doit reposer sur la considération des fréquences relatives de chaque caractère mais également sur la *combinaison* de plusieurs caractères distincts. A cet égard, l'existence de corrélations doit alors être prise en compte, puisqu'il il faut éviter de considérer comme des "preuves" indépendantes les résultats obtenus sur la base de caractères qui varient de façon coordonnée.

La quantification des caractères constitue également une base indispensable à la réalisation de comparaisons précises entre les résultats de différentes études. Jusqu'ici, cette méthode n'a été appliquée que dans le cas d'un faible nombre de travaux d'ostéologie comparée, parmi lesquels ceux de McCuaig Balkwill & Cumbaa (1992) pour la distinction entre le boeuf et le bison, et de Lister (1996) pour la discrimnation entre le cerf et le daim. Concernant les caprinés, les études de Clutton-Brock *et al.* (1990) pour le crâne et le squelette postcrânien, et de Buitenhuis (1995) pour la scapula, comportent également une quantification des critères. Il est à souhaiter que de telles démarches se généralisent, afin de permettre une connaissance plus précise de la variation intra- et interspécifique des caractères morphoscopiques.

Bibliographie

Boessneck J., Müller H.-H. & Teichert M. 1964. Osteologische Unterscheidungsmerkmale zwischen Schaf (*Ovis aries* Linné) und Ziege (*Capra hircus* Linné). *Kühn-Archiv (Berlin)*, 74 : 1-129.

Buitenhuis H. 1995. A quantitative approach to species determination of Ovicapridae. *In :* Buitenhuis H. & Uerpmann H.-P. (eds). *Archaeozoology of the Near East, II. Proceedings of the second international symposium on the archaeozoology of southwestern Asia and adjacent areas.* Leiden : Backhuys Publishers, (The Netherlands), p.140-155.

Clutton-Brock J., Dennis-Bryan K., Armitage P.L. & Jewell P.A. 1990. Osteology of the Soay sheep. *Bulletin of the British Museum of Natural History (Zoology)*, 56, 1 : 1-56.

Fernández H. 2001. *Ostéologie comparée des petits ruminants eurasiatiques sauvages et domestiques (genres* Rupicapra, Ovis, Capra *et* Capreolus*) : diagnose différentielle du squelette appendiculaire.* Thèse de doctorat (Université de Genève), Genève (2 vol., 465 pp. ; 45 pl. ; 140 fig.).

Gabler K.-O. 1985. *Osteologische Unterscheidungsmerkmale am postkranialen Skelett zwischen Mähnenspringer (*Ammotragus lervia*), Hausschaf (*Ovis ammon*) und Hausziege (*Capra hircus*).* Ludwig-Maximilians-Universität (Dissertation), München, 127 pp.

Helmer D. & Rocheteau M. 1994. *Atlas du squelette appendiculaire des principaux genres holocènes de petits ruminants du nord de la Méditerranée et du Proche-Orient.* Juan-les-Pins :

Centre de Recherches Archéologiques du CNRS, APDCA. (Fiches d'Ostéologie Animale pour l'Archéologie, série B : Mammifères, 4).

Lister A.M. 1996. The morphological distinction between bones and teeth of fallow deer (*Dama dama*) and red deer (*Cervus elaphus*). *International Journal of Osteoarchaeology,* 6 : 119-143.

McCuaig Balkwill D. & Cumbaa S.L. 1992. A guide to the identification of postcranial bones of *Bos taurus* and *Bison bison. Syllogeus,* 71 : 1-277.

Panisset L. 1906. A propos d'un caractère ostéologique différentiel des animaux des espèces ovine et caprine. *Revue Générale de Médecine Vétérinaire,* 7 : 69-70.

Prummel W. & Frisch H.-J. 1986. A guide for the distinction of species, sex and body side in bones of sheep and goat. *Journal of Archaeological Science,* 13 : 567-577.

(A) *O. aries*   **(B)** *C. hircus*

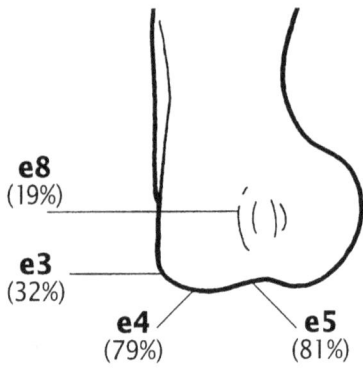
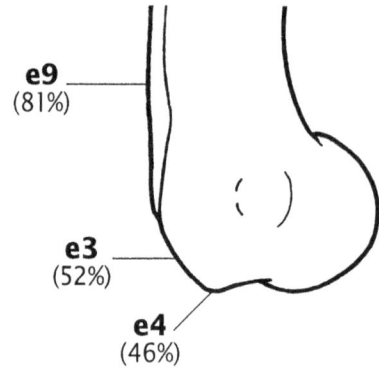

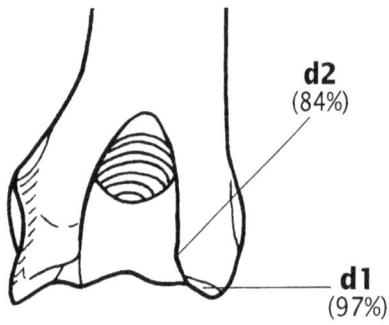
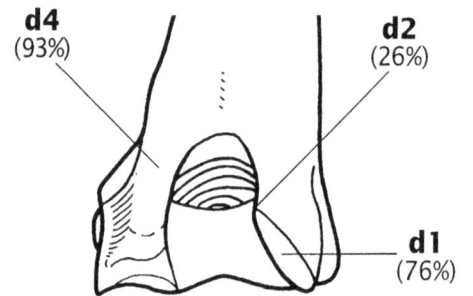

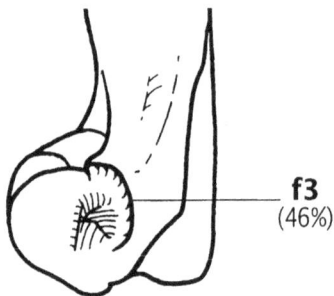
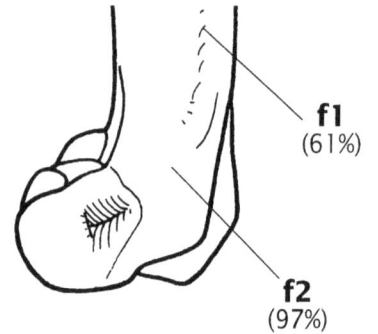

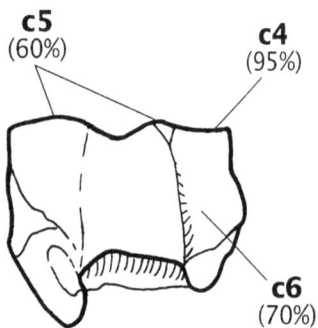
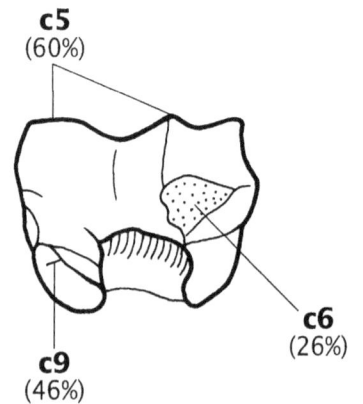

Pl. I. HUMÉRUS (gauche): vues médiale, caudale, latérale et distale (100%)

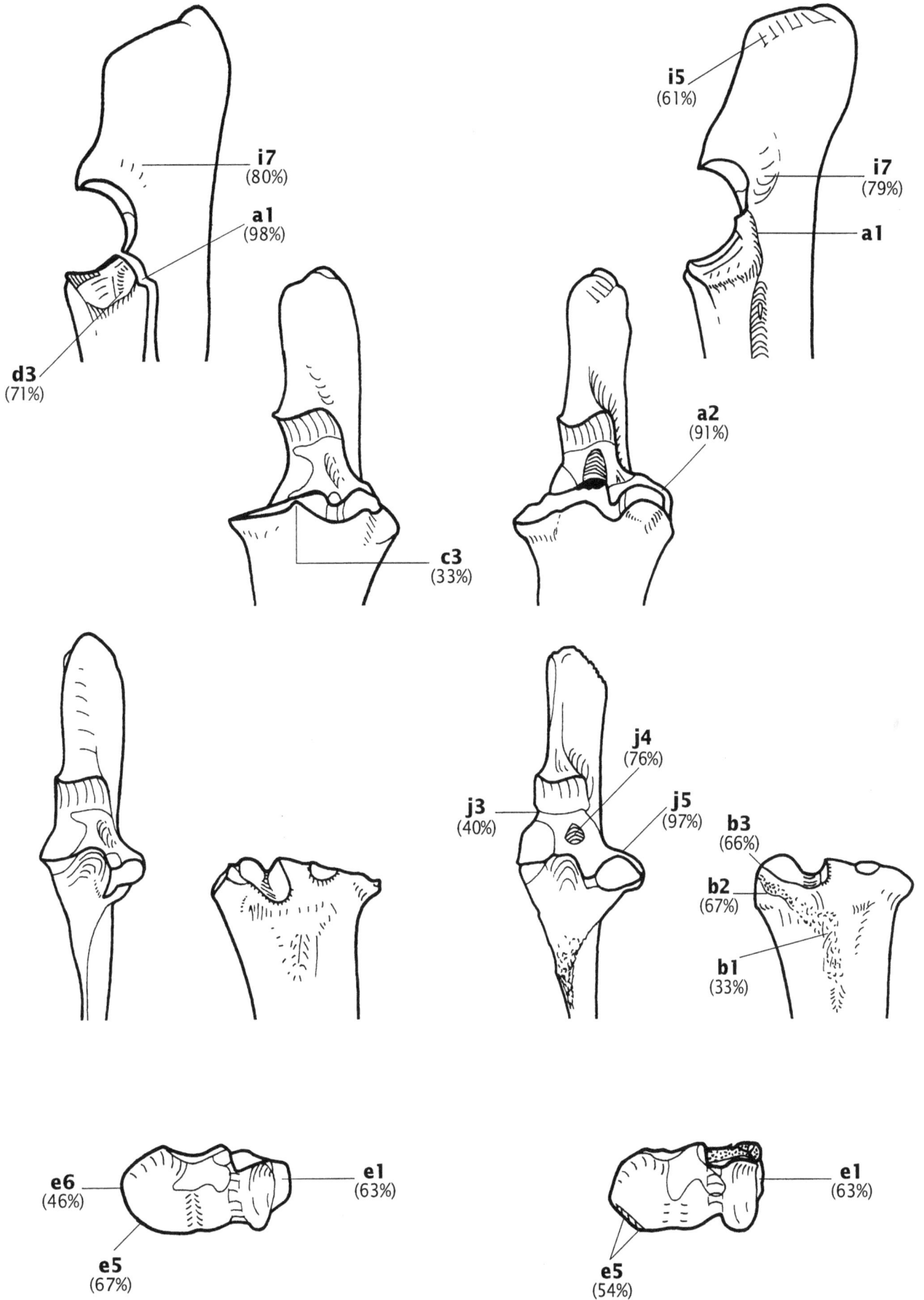

Pl. II. RADIUS-ULNA (gauche): vues latérale, crâniale, caudale et proximale (100%)

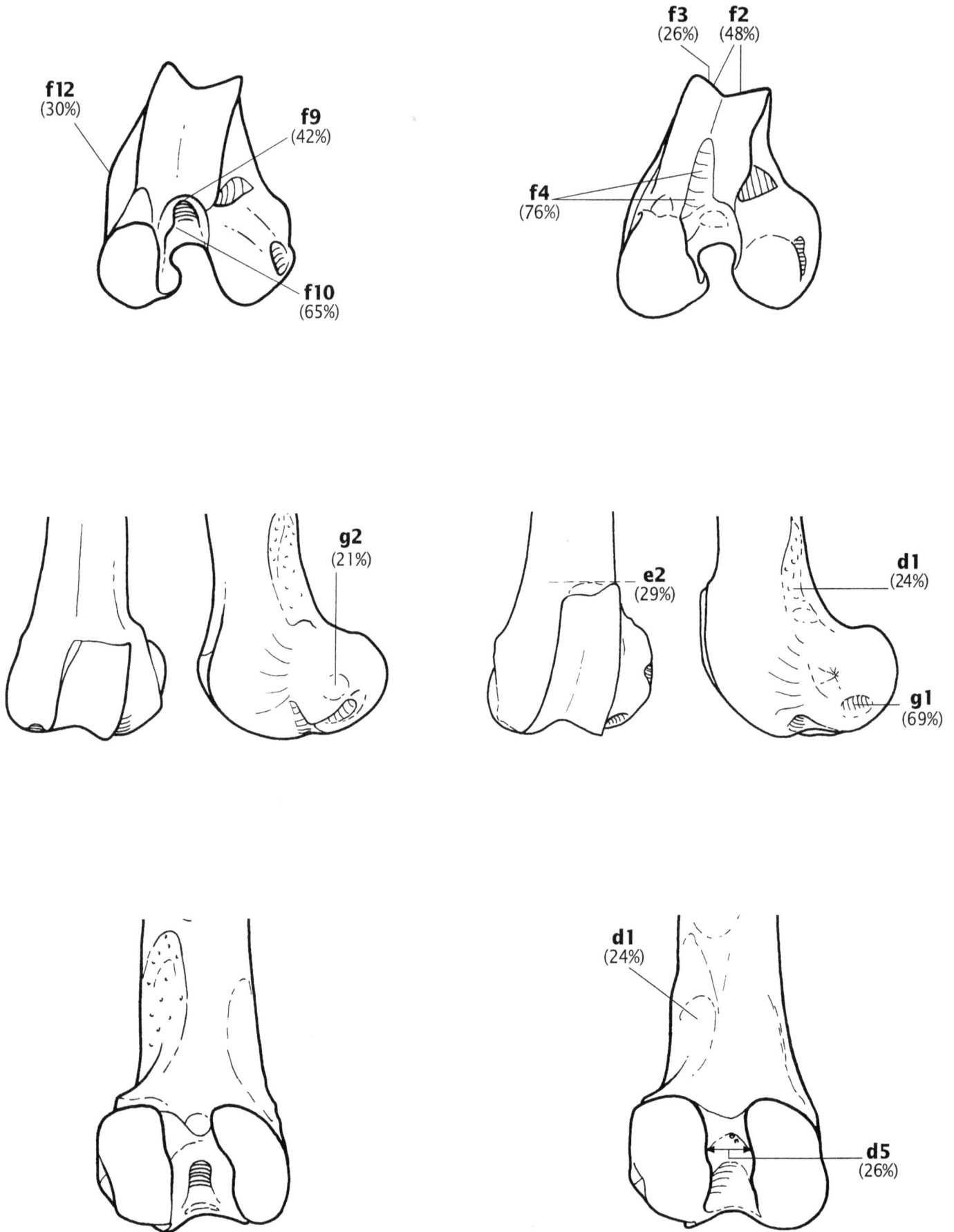

(A) *O. aries*

(B) *C. hircus*

f12
(30%)

f9
(42%)

f10
(65%)

f3
(26%)

f2
(48%)

f4
(76%)

g2
(21%)

e2
(29%)

d1
(24%)

g1
(69%)

d1
(24%)

d5
(26%)

Pl. III. FÉMUR (gauche): vues distale (100%), crâniale/latérale (80%) et caudale (100%)

(A) *O. aries*

(B) *C. hircus*

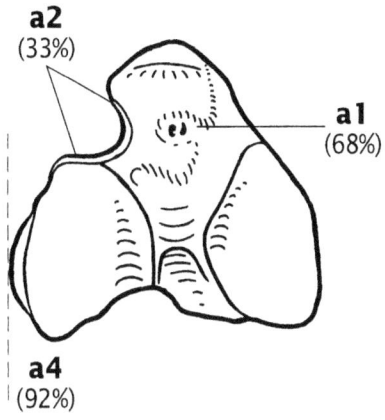

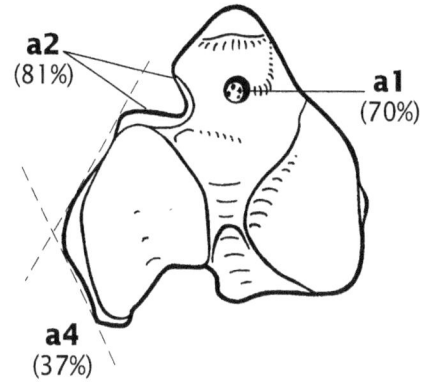

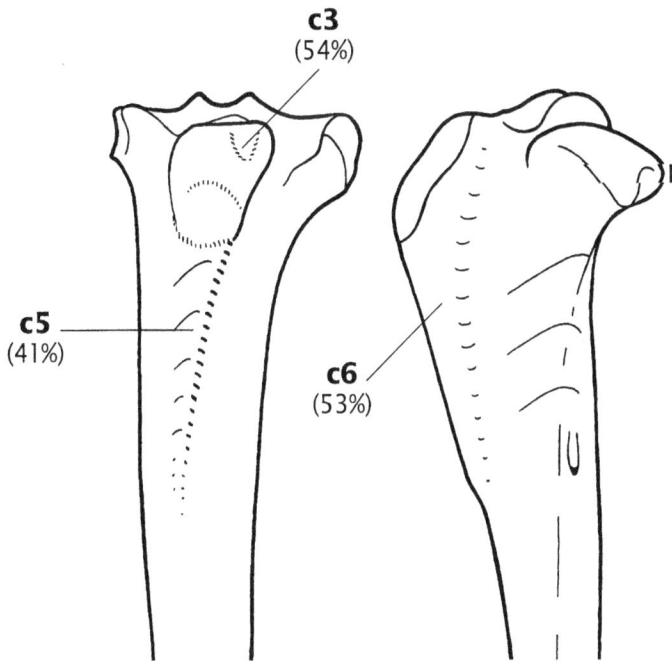

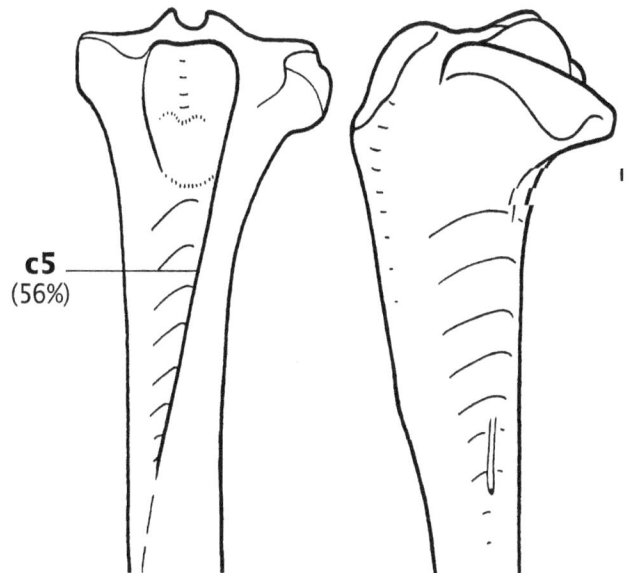

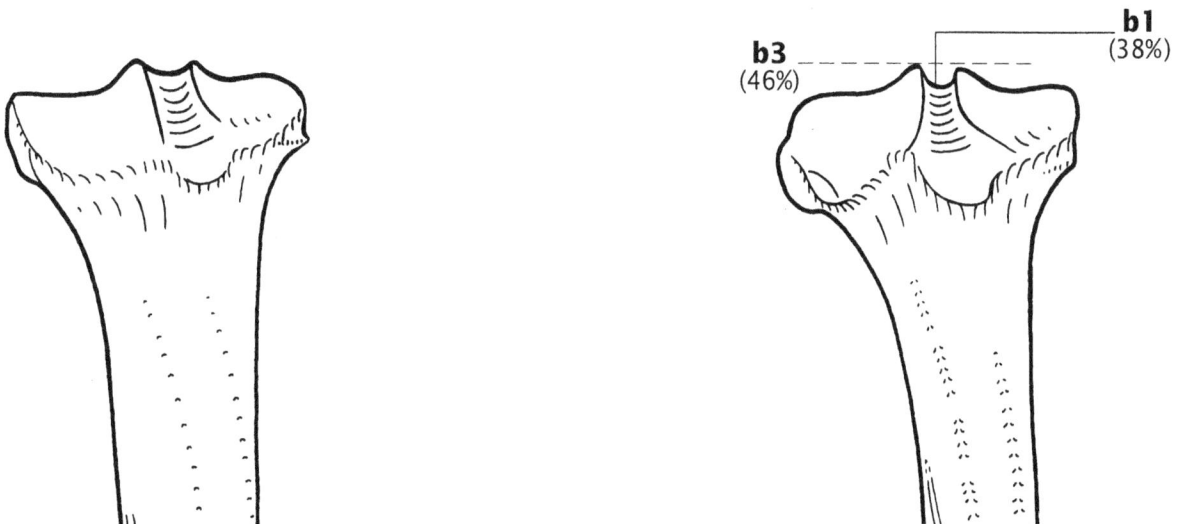

Pl. IV. TIBIA (gauche): vues proximale (100%), crâniale/latérale (80%) et caudale (100%)

ANNEXE BIOMÉTRIQUE

SION-AVENUE RITZ

Ovis aries (les chiffres en gras représentent les individus provenant de la fosse 22)

	sexe	DTm trou occi	H trou occi	DT parietal	DTm neurocr.
crâne		18.2	18.1	34.5	60

	sexe	DAP min col	DAP proc. art.	DAP cav. glén.	DT cav. glén.
scapula		17.6	28.1	22.4	8.7
		17.8	28.4	21.8	18.6

	sexe	L max.	L max. tête	DTpm	DTmd	DTdm	DTmi trochlée	H trochlée
humérus						27.9	27.1	16.7
						25.9	25.3	16.1
						26.7	25.5	16.1
						27.9	26.4	16.7
						28.7	27.3	17.2
	F		116		11.9	25.5	25.3	16.1
	F				12.3	26.6	26	16.2
		128	113		12.4	25.5	25.2	15.7
		127	113	35.5	12.5	25.7	25.5	15.8

	sexe	L. physio	DTpm	DT fac. prox.	DTmd	DTdm
radius			28.6	27.1		
			29.9	27.5		
			33	31.1		
			27	24.5	14.7	
	F		26.7		14	
	F		27.2		14.3	
			27.3	25		
		130	27.6	25.7	14.9	25.3

	sexe	L max.	L aceta. +lèvre	L aceta. -lèvre	L symphyse	H min col	DT min col	périm. col	L int. foramen
pelvis	F	180	25.9	21		13.9	9	40	
	F	169	25.4	22.6	37	12.1	7.9	35	29.9
	F	193			36.3	11.3		34	
	F		26.5	24.2		12.3	8.1		30.3
	F		26.9	23.5		12.3	8.1		30.5
	F		26.5	22.9		12.9	9		
	F					12.6	9.1		

	sexe	L max.	L tête	DTpm	DAP tête	DTmd	DTdm
fémur	F	161	158	39.8	18.2	12.4	33.8
	F			39.5	18.4	12.3	
	F				18.3		
	F	149	147	39.6		11.5	
	F	158	157	39.5	18.1	12.3	34

	sexe	L max.	DTpm	DTmd	DTdm
tibia					25.2
	F		36.2	11.7	
	F	193	36.3	11.3	
	F	179	34.2	10.6	21.7
	F		34.8		
					22
					22.5

	sexe	L ext. max.	L int. max.	épaisseur ext.	épaisseur int.	DT trochlée
talus		25.4	24.3	14.3		16.7
		26.2	25	15.7	15.7	16.9
		24.6	23.2	13.5	14.6	15.7
		24.4	23.9	13.9	15.5	16
		29.2	27.1	16.5	17.2	18.4
		25.2	24	14.6		16.1
			24.3	14.5		

	sexe	L max.	DT max.
calcaneus		54.2	17.5
		54.4	19
		48.8	16.3
		50	17.8

	sexe	L max.	L ext.	DTpm	DAPpm	DTmd	DAP diaph.	DTdm
métatarsien								24.7
								23.4
						8.3		18
	F	128	126		18.4	10.3	9.3	
				17.1	18.3			

	sexe	L ext.	DTpm	DTmd	DTdm
phalange 1		32.8	11.2	8.5	10.4
		33.6	11.4	9	10.9
phalange 1 post.		36.8	11.6	8.6	10.3
		35.5	11.8	8.7	10.9

	sexe	L max.	DTpm	DTmd	DTdm
phalange 2			10.2		
phalange 2 post.		23.2	11.3	7.5	8.8
		22.2	11.1	7.9	8.6

Capra hircus

	DAP cav. glén.
scapula	31.5

	DTdm	DTm trochlée	H trochlée
humérus	29	28	17.7

	L max.	DT max.
calcaneus	55	18.8

	L ext. max.	DTpm	DTmd	DTdm
phalange 1	35.1	12	8.6	11.2
phalange 1 ant.	41.8	13.5	10.4	13.1

	L max.	DTmd	DTdm
phalange 2	25.5	9.1	11.1

Bos taurus

	DAP col	DAP proc. art.	DAP cav. glén.	DT cav. glén.
scapula		65	54.7	44.6
	49.7			46.2

	DAP tête
fémur	45.7

	DTdm
tibia	59.7
	58.2

	L ext. max.	L int. max.	épaisseur ext.	DT trochlée
talus	72.2	65.8	41.3	46.4

	DTpm	DTmd	DTdm
métatarsien		23	
	50.5		
			50.7

	L ext. max.	DTpm	DTmd	DTdm
phalange 1 post	66.3	32	24.5	30.1
	56.6	27.7	21.8	25.5

	L. max.	DTpm	DTmd	DTdm
phalange 2	34.9	27.1	20.3	22.1
phalange 2 ant			25.4	28.7
phalange 2 post	37.3	26.1	20	21.1
	38.3	27.1	20.2	21.3
	44	31.9	25.5	28.3

Bos primigenius

	DTdm	DTm trochlée
humérus	105.7	93.4

Sus scrofa

	DTdm
tibia	38.5

Ursus arctos

	DTdm
tibia	67.8